1570年前
ヴァンダル人がローマを破壊した。

1630年前
カルタゴのキリスト教徒が聖書に加える物語を決め、エフェソスのキリスト教徒がアルテミス神殿を破壊した。

1325年前
イスラム教徒がカルタゴを破壊した。

1650年前
ローマ人がキリスト教徒になった。

770年前
モンゴルの皇帝が、すべての人が信じるべき物語を知りたいと考えた。

1810年前
カルタゴとエフェソスの人々がローマ人になった。

人類の
Unstoppable Us
物語
世界はちがう人
どうしでできている

ユヴァル・ノア・ハラリ

リカル・ザプラナ・ルイズ［絵］　西田美緒子［訳］

河出書房新社

Author: Yuval Noah Harari
Illustrator: Ricard Zaplana Ruiz

C.H.Beck & dtv:
Editors: Susanne Stark, Sebastian Ullrich

Sapienship Storytelling:
Production and management: Itzik Yahav
Management and editing: Naama Avital
Marketing and PR: Naama Wartenburg
Editing and project management: Ariel Retik
Research assistants: Jason Parry, Jim Clarke, Ray Brandon, Dor Shilton
Copy-editing: Adriana Hunter
Design: Hanna Shapiro
Diversity consulting: Adi Moreno
www.sapienship.co

Cover illustration: Ricard Zaplana Ruiz

Unstoppable Us: How Enemies Become Friends (volume 3)
Copyright © 2024 Yuval Noah Harari. ALL RIGHTS RESERVED.

Kawade Shobo Shinsha Ltd. Publishers, 2025
2-13, Higashi-gokencho, Shinjuku-ku, Tokyo 162-8544, JAPAN
https://www.kawade.co.jp/
All rights reserved, including the right of total or partial reproduction in any form.

この本を、
すでに世を去った人々、
今を生きている人々、
そしてこれから生まれてくる人々、
すべてに捧げる。
私たちの祖先が、
今ある世界を作りあげてきた。
未来の世界がどんなものになるかを
決めることができるのは
私たちだ。

もくじ

時間のながれ

献辞 005

はじめに　きみは、みんなと同じ？ 008

第1章　竜人間、アリ人間、
オオカミ人間 012

第2章　市場の秘密 034

第3章　悪者たちの子孫 060

第4章　生きることの意味 104

感謝のことば 150
この本について 151
歴史の世界地図

人類の物語　Unstoppable Us

きみは、
みんなと同じ？

　きみは、自分がほかの人たちとはちがうって感じたりすることがあるかな？

　きみは、まわりのみんなとはちがう行動をとって、ちがう考え方をしたいって感じることがあるかな？　まわりのだれも着ていない服を着たり、ほかのだれも好きではなさそうな音楽を聴いたり、みんながよくないと言い張る何かが「ほんとうはよいことなんだけどな」と思ったりしながらね。そしてきみは、**まわりの人たちがきみを箱のなかに押し込め、きみが自分ではなりたくないと思っているような人間に無理やりしようとしているって、感じることはあるかな？**

　なかには、みんなとちがうのは悪いことだと言う人たちがいる。まわりのみんなとちがう考え方をしたり、ちがう行動をとったりすれば、仲間と力をあわせることや友だちになることが難しくなって、けんかをして傷つけられるかもしれないという理由からだ。そこで、ちがうことをきらう人たちは、世界全体をきちんといくつもの箱にわけ、それぞれの箱には同じ考えをもって同じ行動をとる人だけが入るようにするのがいちばんだと言う。そうやってきちんとわけた箱のうちで、最も重要なものには名前をつけ、「国」と呼ぶ。たとえば、ギリシャ、ナイジェリア、インド、カナダ、中国、日本、といったように。そして、自分たちの箱の住人ではない人を「外国人」と呼ぶんだ。

　すべての人間を箱に入れたいと考える人たちは、だれもがこうした国のひとつだけに住み、そのなかではほかの人とちがっていてはいけないと言い張る。箱のなかでは、みんなが同じ言語を使い、同じ服を着て、同じ音楽を聴き、同じ食べものを食べ、同じゲームで遊び、同じ神を信じなくてはいけないということだ。自分の国でほかの人たちとちがっていると、みんなと仲よくできなくて、けんかが起きるにちがいない。そして別の国に出かけると、そこでは外国人ということになって、その国の人たちか

らきらわれてしまうだろう。きみはその国の人ではないからね。

箱が必要だと思っている人たちは、世界というのは、そういうものにきまっていると主張する。ギリシャにはいつもギリシャ人が暮らしていて、ギリシャ語を話し、ギリシャ料理を食べ、ギリシャのゲームで遊び、ギリシャの神々を信じていたと言うんだ。同じように、カナダで暮らすカナダ人はいつもカナダ語を話し、カナダ料理を食べ、カナダのゲームで遊び、カナダの神々を信じていたと言う。

でもそれは、まったくのでたらめだよ。カナダ人はカナダ語を話さない――というより、カナダ語という言語はないからね。カナダで暮らすほとんどの人は、イギリスで暮らす人と同じように英語を話したり、フランスで暮らす人と同じようにフランス語を話したりする。なかにはイヌクティトゥット語（カナダ先住民の言語）やオジブウェー語（アメリカ先住民の言語）を話す人だっているし、わずかだけれどギリシャ語を話すカナダ人もいる。ギリシャからカナダに移り住んだ人たちや、その子どもたちだ。一方、ギリシャで暮らす人の多くは、イギリスやフランスやカナダで暮らす人たちと同じように、英語やフランス語も話すことができる。

神の話も、言語と同じように複雑だ。たとえば、ギリシャの神々について考えてみよう。その昔、ギリシャにはたくさんの神々がいた。きみもいくつか名前を聞いたことがあるかもしれない――ゼウス、アルテミス、アテナはどうかな。でも今では、こうした神々を信じているギリシャ人はほとんどいないんだ。そのかわりにほとんどのギリシャ人はイエスを信じているし、一部にはアッラーを信じる人も、なかにはシヴァを信じる人もいるうえに、多くの人々は神をまったく信じてはいない。カナダやナイジェリアやインドの人たちも同じだ。だから、世界がきちんとした箱にわかれているという話は、ほんとうではないことになる。同じ国の人だってときには**ちがう言語を使い、**

ちがう神を信じる。そしてちがう国の人だってときには同じ言語を使い、同じ神を信じる。

箱が必要だと考える人たちは、その話を聞くとひどく怒ることがある。そんなことがあってはならないと言うんだ。そういう人たちは、ギリシャ人がイタリア料理を食べたり、英語を話したり、アジアの神を信じたりするのは、困ったことだと思っている。ギリシャの人たちは昔に戻って、きちんとしたギリシャ人らしく振る舞ってほしいと考えているわけだ。

でも、そんなこと、できるわけがない。大昔まで時間をさかのぼってみると、こうしたことはすべてが変わりつづけているのに気づくだろうからね。**今ある国、言語、宗教は、どれも5000年前には存在しなかった。** そのころには、ギリシャもカナダもナイジェリアもインドも中国も日本もなかったし、英語やフランス語やギリシャ語や中国語や日本語を話している人もいなかった。そして、イエスやゼウスやシヴァを信じている人も、ひとりもいなかった。5000年前にも、たしかに国と言語と宗教はあったけれど、それらは私たちが今の時代に知っているものとはまったくちがっていたんだ。その後、人々があちこちに移動し、新しいやり方で考えはじめ、新しいやり方で行動しはじめたことで、ようやくそれぞれの国と言語と宗教が生まれていった。

たとえば、イエスを信じた最初のギリシャ人たちは、まわりの人たちとまったくちがっていた。その人たちは別の国から伝わってきた新しい宗教を信じはじめたわけだ。そしてそれは、自分たちのお父さんもお母さんも、おじいちゃんもおばあちゃんも、聞いたことさえない宗教だった。何かが変わるためには、だれかが新しいものを最初に受け入れる必要がある——だれかが、みんなとはちがっている必要がある。

だからもしきみが、自分はまわりの人たちとはちがうと感じているとしても、それ

はじめに

はごくふつうのことだ。大昔にきみの国で暮らしていた人たちのほとんどは、今そこで暮らしている人たちとはちがっていたんだからね。そしてみんながどんなにいっしょうけんめいになって、前と同じ食べものを食べ、前と同じ言語を使い、前と同じ神を信じようとしても、そうしたものはすべて、時の流れにつれて変化していく──神も、言語も、食べものも、人も、すべてがちがうものになってしまう。

では、人々がどんなにがんばって同じままでいようとしても、そうしたものが変化してしまうのはなぜだろう？　どうして、人も国も、言語も宗教も、前とはちがうものになってしまうのかな？　たとえば、ギリシャ人はなぜ、ゼウスとアルテミスを信じるのをやめてイエスを信じはじめたんだろう？　新しい神はいったいどこからやってきて、ちがう国の神と神が出会うと何が起きるんだろう？

そしてそれよりもっと大切なのは、外国の人どうしが出会うと、いったい何が起きるかということだ。たとえば、もしきみが、外国語を話して変わった食べものを食べる遠い国の人と会うと、何が起きるだろうか？　もしきみが、海をわたってどこかの見知らぬ場所にたどり着いたとしたら、何が起きるだろう？　けんかになるのかな？それともうまくやっていけるのかな？　お互いにまったくちがう人どうしは、どうすれば力をあわせたり友だちになったりできるんだろう？

その答えは、世界じゅうのあらゆるお話のなかでも指折りの、とびきり不思議なお話だ。

そしてそれは、ほんとうにあった物語だ。

011

第1章

竜人間、アリ人間、
オオカミ人間

第1章　竜人間、アリ人間、オオカミ人間

「死の海」を
わたる

　5000年前には、カナダも、ギリシャも、日本もなかったし、ニューヨークも、ニューデリーも、東京もなかった。でもそのころにはすでに、いくつかの王国と、いくつかの都市はあって、世界でいちばん大きい都市はメソポタミアのウルクだったと考えられている。ウルクの人々はシュメール語を話し、イナンナやアヌ、エンキなど、たくさんの神々を信じていた。でもそうした神々は、今ではすっかり忘れられてしまった。

　ウルクで暮らす人々は自分たちが信じている神々について、また自分たちの街や、その街に住む人々について、とても興味深い、たくさんの物語を語っていた。**王国で暮らすだれもが同じ物語を知っていて、それを信じれば、みんながひとつになって力をあわせるようになるから、物語を語ることはとっても重要だったんだ。**こうした物語によって、私たち人間はほかのどの動物よりも、はるかに強くなってきたからね。

　同じ物語を語って力をあわせることで私たちがどれだけ強くなれるかを知りたいと思うなら、人間とほかの動物をくらべてみるといいよ——たとえばチンパンジーはどうだろう。10匹のチンパンジーは仲よくなって、助け合いながらバナナを見つけたり、子ブタをつかまえたり、ヒョウを追いはらったりできる。でも、1000匹のチンパンジーが力をあわせることはできない。お互いをあまりよく知らないからだ。たとえば1000匹のチンパンジーを1か所に集めてから、目の前に大量のバナナを山のように積み上げて、みんなでわけて食べるようにしてみたとしよう。さて、どんなことが起きると思う？　チンパンジーたちはすぐさま声をかぎりに叫びながら、夢中で走り回ったり、殴り合ったりしはじめるだろう。

　　　もしチンパンジーの言葉を話せるなら、そんなチンパンジーにたずねてみよう。「どうしてけんかなんかするの？　みんなが食べられる数のバナナがあるのに」

人類の物語　Unstoppable Us

「それはわかってる」と、チンパンジーは言うにちがいない。「でも、ここにいるチンパンジーのほとんどは、これまでに一度も見たことのない顔だ。そんなやつらを信じられると思うかい？　ぼくをやっつけて、バナナをひとり占めしたいと思っているかもしれないじゃないか」

　でも人間の場合、そうはならない。私たちはずっと昔に、たくさんの仲間で力をあわせる方法を見つけ、物語を使って都市と王国を作り上げる方法を考えだしたからだ。みんなが同じ物語を──たとえばイナンナとアヌという偉大な神々の物語を──信じているかぎり、100万人もの人たちでさえ力をあわせ、みんなの意見をまとめて、全員が従うルールを決めることができる。たとえばウルクには、「女神イナンナが定めたルールによれば、人の命を奪ってはならない、また人の食べものを盗んではならない」という物語があった。そしてウルクではだれもがこの物語をほんとうだと思っていたから、このルールを守ろうとしただけでなく、まわりにいるウルクの人たちは自分の命を奪ったり自分の食べものを盗んだりしないと信じることもできた。

　ただし、ウルクの人たちを団結させた何よりも大切な物語は、女神イナンナにまつわるものでも、アヌや、ほかのどの神について語ったものでもない。それは人間の英雄、ギルガメシュの物語だった。今、私たちがギルガメシュの物語を知っているのは、ウルクの近くで遺跡の発掘をすすめていた考古学者たちが何千年も前の粘土板を見つけ、そこにつぎのようなギルガメシュの物語がしっかり書かれていたからだ。

　むかしむかし、ギルガメシュという名の男がいた──物語は、こんなふうにはじまっている。ギルガメシュは世界でいちばん勇敢な男だった。彼はウルクの王になり、たくさんの鬼と戦い、巨大な怪物フンババまで倒した。だがある日、ギルガメシュの親友だったエンキドゥが命を落としてしまう。ギルガメシュは悲しみのあまり、死んだ友のそばをかたときも離れずに、その姿をじっと見つめつづけた。そうして7日7晩たったとき、ギルガメシュが目にしたのは、エンキドゥの鼻のあなからこぼれ落ちた1匹のウジ虫だった。ギルガメシュにはその小さなウジ虫が、巨大なフンババよりも、はるかにおそろしいものに感じられたんだ。親友エンキドゥの身に起きたことは、いつかは自分の身にも起きるのだと、気づいてしまったからだよ。自分もいつかは死んで、この体は──屈強な腕も、脳も、鼻も──ウジ虫に食べられてしまうにちがいない。それなら、山ほどの財産に、強大な権力に、とどろく名声に、いったい何の意味があるというのか。いつかはウジ虫の餌になってしまうのに、どうしてたいへん

016

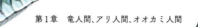

第1章　竜人間、アリ人間、オオカミ人間

な苦労をしながらそんなものを追い求めるのだろう？
こうしてギルガメシュは、死こそ自分が打ち負かすべきものだと強く思うようになった。
　ギルガメシュはウルクを出発し、国から国へと旅をしながら、死を打ち負かす方法を探し歩いた。そうして数多くの危険をくぐりぬけ、たくさんの怪物を倒し、おそろしいサソリ人間と戦ううちに、ようやく永遠の命の秘密を知っているかもしれないという人物のうわさを耳にする。ウトナピシュティムという名の男がいて、イナンナとアヌだけでなく、すべての神々によって心から愛されたために、永遠の命をあたえられたのだという。ところがウトナピシュティムは、だれも越えることのできない「死の海」のむこうに住んでいた。**「死の海」の水に触れた者は、それがたとえ一滴であっても、たちまち命を奪われてしまう。**ギルガメシュがその海を泳いでわたれるはずもなかった。
　さいわい、ギルガメシュの新しい友人ウルシャナビが小船をもっていた。ただ、ウルシャナビの船を使うとしても、ギルガメシュが「死の海」を漕いでわたるあいだに一度も水に触れないことなど、一滴の水しぶきもあびずにすむことなど、できるとは思えない。そこでギルガメシュは上着を1枚とりだすと、それを船の帆に変えた。そして自分は船のまんなかに立ち、大きな体を帆柱として、たくましい両腕を真横にのばして帆桁として用いながら、進むことにした。こうしてギルガメシュははじめての帆かけ船を考えだし、それを使って船を漕ぐことも海水に触れることもなしに、「死の海」をわたることができたのだった。
　ようやくウトナピシュティムに会えたギルガメシュが、永遠の命の秘密をたずねると、ウトナピシュティムは奇跡の植物の話をした。その植物は、また別の「命の海」の底に生えているという。そしてつぎの言葉をつけ加えた。「その小さな植物を食べれば、おまえは不死の身になれる！　だが気をつけるがいい——そのような植物は世界じゅうにたったひとつしかないから、もしおまえがそれをなくしてしまえば、もう死をまぬがれることはできないぞ」。その話を聞いたギルガメシュは両足に重い石をくくりつけると、「命の海」の底までもぐっていき、首尾よく奇跡の植物を見つけることができた。そして植物を手に入れ、海辺へともち帰った。ところが、ギルガメシュはそれを食べる前に、ほんの一瞬だけ別のことに気をとられた。するとその隙にヘビがやってきて、

奇跡の植物を盗み、あっという間に飲み込んでしまったんだ。そのヘビは皮をぬぎすてて若返り、それから永遠に生きることができた。一方のギルガメシュは、何ももたずにウルクに戻らなければならなかった。そしてそのときはじめて、死をまぬがれる方法などないのだと考えるようになった。人間は、死にうち勝つことも、時間を止めることも、変化をさまたげることもできない。

　ギルガメシュと同じように、ウルクという都市もやがて死をむかえた。建物はひとつ残らずくずれ落ち、にぎやかだった街の通りからも住民の姿が消えてしまった。今、ウルクで暮らしているのは、クモとサソリとトカゲと……何人かの考古学者たちだけだ。考古学者は廃墟のあちこちを発掘しながら、大昔の興味深い宝物を見つけようとしている。たとえば、ギルガメシュの物語を書きしるした粘土板のようなものを。

　こうしてウルクはもうなくなってしまったけれど、とても大切な贈り物を私たちに残してくれた。ギルガメシュの物語だけではなくて、「書く」こともそのひとつだ。はじめて何かを「書く」ことを思いついたのは、ウルクの人々だったからね。きみが今、こうしてこの本を読めるのも、新聞やEメールやウェブページを読めるのも、みんなウルクの人たちのおかげということだ。

国境を越えて

　ウルクが死をむかえた一方で、また別の都市と王国が誕生していた。そしてそのそれぞれに、独自の言葉、独自の神々、また英雄や神や世界のはじまりについての独自の物語があった。そうした物語は、なくてはならないものだった。女神イナンナとギルガメシュ王の物語がウルクの人々をまとめるのに役立ったように、物語は王国で暮らすすべての人たちの気もちをひとつにする役割を果たしたからだ。ただ、王国がどんなに大きいものだったとしても、国のまわりには必ず国境があり、その国境のむこうには、また別の物語を信じる外国人が暮らしていた。それなら、ちがう国で暮らし、ちがう物語を信じる外国人ど

第1章　竜人間、アリ人間、オオカミ人間

うしが出会ったとき、何が起きたんだろう？　すぐに戦いをはじめたのかな、それとも仲よくする方法を見つけたのかな？　そして、そのときの様子はどんなものだったのかな？

　人は、自分たちとちがうもの、いつもとちがうものをおそれる。だから、外国人、見知らぬ場所、食べたことのない食べもの、なじみのない考えをこわがるんだ。「自分の国を囲んでいる国境のむこうがわに行けば、外国人に殺されてしまうかもしれない」——そんなふうに考える人までいるだろう。でもその一方で、人には遠い場所にひかれる気もちもある。もう知っていることには、いつかは飽きてしまうし、まだ知らないことには、なんだかドキドキするものだから！　どこか遠い場所、地平線や水平線のむこうには、すばらしいものが山ほどあるかもしれない。そこまで行ってみれば、宝物や不思議なものを見つけ、まだ知らないおいしい食べものを味わい、新しい友だちを作れるかもしれない。生命の秘密を知っている人とだって知り合えるかもしれない！　だからいつの時代にも、故郷を離れて国境を越え、はるか遠くの地まで旅をしたいという思いにかられる人たちがいたんだ。おそれる気もちをおさえてね。

　人々が故郷を遠く離れて旅をするうちに、外国人と出会ったら、いったい何が起きたのだろうか。それを知るために、**想像のなかで旅をしてみることにしよう**。今から2200年以上も前のこと、エフェソスと呼ばれる都市に住むヘラクリトスという名の男の子が、生まれてはじめて故郷の街を離れようとしている様子を思い浮かべてほしい。父親といっしょに帆船で海を越え、遠くのカルタゴという都市に行こうとしていた。

　古代には、たくさんの人たちがそうした旅に出ていたんだ。そして古代の人々が残した記録や考古学者たちの発見によって、エフェソスやカルタゴのような都市がどんな様子だったのか、海をわたるにはどんな帆船が使われたのか、そこで暮らす人々はどんな物語を語っていたのかがわかっている。もちろんここに登場するヘラクリトスは、じっさいにはいなかったし、これからヘラクリトスについて語ることがじっさいに起きたわけでもない。ただし、エフェソスとカルタゴは、ほんとうにあった都市だ。今ではウルクと同じように、立派だった建物もくずれ落ち、クモやトカゲが住みつき、考古学者たちが集まる場所になってしまった。でも**2200年前には、カルタゴは世界最大の都市だった**と考えられていて、とりわけそこで開かれていた市場が有名だったんd。ほかのたくさんの都市や国の商人たちが、交易のために海をわたってカルタゴにやってきた。なかには遠くエフェソスから、はるばるカルタゴまで旅した商人がい

たこともわかっている。

　エフェソスもとても重要な都市で、女神アルテミスの美しい神殿があったことで広く知られている。そのころのエフェソスには、ギリシャ語を話すギリシャ人が住んでいた。それなら、もしきみが美しいアルテミス神殿の遺跡を見てみたいと思ったら、どこに行けばいいのかな？　ギリシャに行く？　いや、ちがう。きみはトルコに行く必要がある。2200年前には、現在のトルコの海沿いの場所に、ギリシャの都市がたくさんあったからだよ。なんだかわかりにくい！　でも、歴史とはそういうものさ。人も、国も、言語も、宗教も、いつもいつも変わりつづけているからね。

ひとつ目の巨人

　ヘラクリトスは、カルタゴにむけてエフェソスを出発する直前にアルテミス神殿をおとずれ、旅のあいだ身を守ってほしいとお祈りした。そのときの様子を想像してみよう。**アルテミスは、自然、野生動物、植物、子どもをつかさどる女神だ。**人々は、アルテミスが空を飛び、何百キロメートルも離れた場所で起きていることを見たり聞いたりでき、動物と植物を作りだすことさえできると考えていた。また、アルテミスは重い病気でも治す力をもっていた一方で、いったん怒るとおそろしい女神になった。魔法の弓をもち、だれかに腹を立てれば、その相手にむけて空から病の矢をはなつと言われていたんだよ。矢を受けた人はひとりずつ、病気になって死んでいく。だか

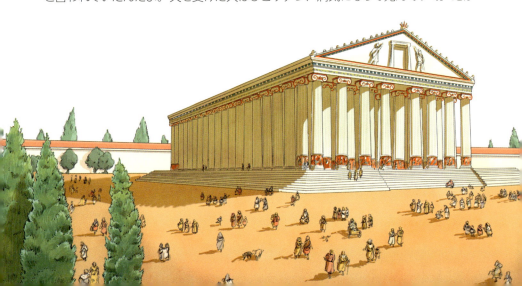

らヘラクリトスはアルテミスに、病気や野生動物、嵐やそのほかの災難から、自分を守ってほしいと祈った。

アルテミス神殿は、ヘラクリトスが生まれてはじめて見る壮大さだった。じっさい、当時のほとんどの人たちがこの神殿より大きな建物など見たこともなかった。そこで広く遠くの地からアルテミス神殿をひと目見ようと人々が集まり、この神殿は「世界の七不思議」のひとつにも数えられていたんだ（残りの６つも、とりわけ大きくて美しい建物や彫像だった）。

神殿の奥行きは115メートル、幅は55メートル、高さはいちばん高いところで30メートルもあった。今みんなが知っているサッカーのフィールドくらいの広さだ！神殿のすべてが白くかがやく大理石で建てられ、大理石の丸い柱が120本もならんでいた。そして神殿のなかには、**女神アルテミスの美しく巨大な像が置かれ、その像は金と銀でおおわれていた**。さらに壁にも、たくさんの彫像や絵画や宝石が飾られていた。

ヘラクリトスはこのすばらしいアルテミス神殿で祈りを捧げてから、エフェソスで大好きな、もうひとつの場所にもお別れのあいさつに行くことにした。劇場だ。その劇場も、大理石の柱がずらりと立ちならんだ大規模な建造物で、舞台ではさまざまな冒険に出かけた神や英雄にまつわる劇が、俳優たちによって演じられていた。ヘラクリトスはそうした演劇を見るのが大好きだった。そして、自分が英雄になって冒険の旅に出る未来を夢に描いていた。もしかしたらだれかが、自分を主人公にした劇を書いてくれる

かもしれないと思いながら！

　劇場に行くとちゅうで、ヘラクリトスは数人の友だちに出会った。友だちは、さよならを言いたくてヘラクリトスを探していたところだったんだ。カルタゴに行ってまた戻るには何か月もかかるし、まだ電話もコンピューターもなかったから、そんな旅に出れば長いあいだ話せなくなってしまうからね。もしかしたら、**もう二度と話せないかもしれない。**

　「ヘラクリトス、どうして行ってしまうの？」と、友だちみんなが口々にたずねた。

　「お父さんがきょうカルタゴにむかって船出するんだ。それでぼくにもいっしょに行ってほしいって言うから」

　「行っちゃだめだ！」と、ひとりの男の子が叫んだ。「ものすごくあぶないんだよ！ エフェソスの外に出ると、巨人のキュクロプスみたいなおそろしい怪物がいっぱいいるのを知らないのかい？　キュクロプスは、背の高さが４メートルもあって、目は顔のまんなかにひとつだけで、人間を食べちゃうんだぞ！」

　「私も聞いたことがある！」もうひとりの赤毛の女の子も大声を出した。「それに、自分の家に誘う魔女がいて、とってもおいしい食べものをごちそうしてくれるけれど、それには魔法の薬が入っているから、食べるとブタになっちゃうって聞いたよ！」

　「そのとおりだ！」と、最初に叫んだ男の子もうなずく。あんまりドキドキしすぎて、鼻水がたれてきた。「セイレーンだっているしね！　セイレーンは人間の頭をもった海鳥で、波のあいだに隠れている切り立った岩の上で暮らしてる。そして近くを船が通りかかると、人間の顔をした頭をもち上げて、なんとも美しい声で歌うんだよ。その歌声を耳にした人はひとり残らずうっとりしてしまい、もっとよく聴こうと思ってどんどん近づいていくと……ドッカーン！　けわしい岩にぶつかって船はこなごなだ。それからセイレーンに襲われて、ズタズタにされちゃう！」

　「そんなの、ちっともこわくないよ」。ヘラクリトスはちょっとだけ不安になりながら、そう答えた。「キュクロプスやセイレーンがぼくを食べようとしたら、刀でやつらの腹をひと突きさ！」

　「そんな話はばかげてる！」と、もうひとりの女の子が言った。「キュクロプスもセイレーンもいないよ。**みんなおとぎ話なんだもの。**自分たちが行ったことのない場所を想像してるだけ。ほかの国にも、私たちが出てくるおそろしいおとぎ話があると思うんだ。エフェソスには人間を食べちゃう巨人と魔法使いがいっぱいいるってね。ほん

第1章　竜人間、アリ人間、オオカミ人間

とうは世界じゅうのどこに行っても、私たちと同じ人間しかいないのに」
　もちろん、その女の子の言ったことがほんとうだった。キュクロプスもセイレーンも、そのほかの怪物たちも、大昔の人たちが考えだして伝えてきた物語のなかにしかいない。そのころの、とりわけすぐれた物語の作り手のひとりにホメロスと呼ばれた人物がいる。ホメロスは、『イーリアス』と『オデュッセイア』というふたつの有名な物語を書いた。『イーリアス』は、アガメムノーン、メネラーオス、アキレウス、オデュッセウスの4人の英雄たちに率いられて大都市トロイを征服した、ギリシャ戦士たちの活躍を描いた物語だ。また『オデュッセイア』では、のちにオデュッセウスが世界を旅して歩き、キュクロプスやセイレーン、魔法使いや魔女に出会う様子が語られている。**きみたちもこうした物語の一部は聞いたことがあるかもしれないね。もし興味があれば、今でも『イーリアス』と『オデュッセイア』の物語を、はじめから終わりまで読むことができる。**
　鼻水をたらした男の子は女の子の言葉を聞いて、「キュクロプスとセイレーンは、だれかが考えだした想像のなかの話かもしれないね」と言った。「それでも、外国に出かけるのはやっぱりあぶないよ。外国人だって人間かもしれないけれど、キュクロプスと同じくらい危険なんだから！」
「そうだよ」と、赤毛の女の子も声を出す。「世界には敵や海賊がいっぱいいるって

聞いたもの——なかでもいちばんひどいのは——ローマ人！ ローマ人に荷物を奪われて、殺されちゃうよ、ヘラクリトス」

「でもぼくはカルタゴに行く」。ヘラクリトスは自分の考えを変えなかった。「カルタゴにローマ人はいないし。いるのはカルタゴ人だけだもの」

「それだって、やっぱりカルタゴはあぶないよ！」鼻水をたらした男の子はまだ言い張った。「カルタゴにはものすごく変わったきまりがあって、そんな規則を知らずに破って罰せられちゃうかもしれない。もしかしたら道でくしゃみをしちゃいけない規則があって、なにげなく、ちょっとくしゃみをしただけで、牢屋に入れられたり死刑になったりするなんてこともあるだろう。おまけに、その土地の言葉を使えなくて、奇妙なきまりについて質問することさえできないからね。ここエフェソスではみんなギリシャ語を話すけど、カルタゴではだれもギリシャ語を知らないんだよ。カルタゴの言葉はフェニキア語だ。きみはフェニキア語なんてひとことも話せない。どうやって暮らすのさ、ヘラクリトス！」

「それに、むこうでは何を食べるの？」と、赤毛の女の子がつけたした。「**とっても変わった、気味の悪い食べものがあるかもしれないよ。**むこうの人たちは腐った魚を食べるって聞いたことがあるし」

「それからむこうの人たちはアルテミスの女神さまを信じていない！」と、鼻水をたらした男の子が大声を出す。「ここではアルテミスの女神さまのために、大理石の柱と金の像でかざった世界でいちばん大きな神殿を作ったから、女神さまはぼくたちを守ってくれる。でもカルタゴには、そんな神殿はないんだ。きみはカルタゴに行ったら、どうやって女神さまに、お守りくださいって祈るんだい？」

「むこうには劇場だってない！」と、赤毛の女の子が大声を上げる。「ヘラクリトスは劇場も、それから新しい劇も、大好きだよね。でもカルタゴには劇場なんてまったくないんだよ。むこうの人たちは、劇場が何かってことさえ知らない。もし道でくしゃみをして死刑にならなくても、もし腐った魚を食べたせいで死ななくても、たぶん退屈で死んじゃうと思うけどな」

「そんなことぜんぶ、ちっともこわくなんかないさ」と、ヘラクリトスは言った。「み

んなは、ぼくを行かせないようにする理由を探しているだけなんだ。はじめは、世界にはひとつ目の巨人がいっぱいいるって言ってたのに、今は腐った魚を食べて劇場をもっていない人間の話をしてる。みんな、自分が何のことを言っているかわかってないんだよ。ぼくは自分の目でカルタゴを見てみたいだけさ。そこは世界でいちばん大きい都市だって聞いた。そこの人たちがアルテミスの女神さまを信じていないなら、どんな神さまを信じているのか知りたい。それに劇場がないなら、たぶんぼくが、劇場のことをカルタゴの人たちに教えてあげられるよね？」

はじまりの物語

　ヘラクリトスの友だちは、みんなとてもこわがっていたけれど、そのころたくさんの人たちが長い時間をかけて船旅をしていたことが知られている。エフェソスからカルタゴをめざしたのはもちろんのこと、ほかのさまざまな目的地にむかっても旅をした。古代の人々がそうした旅について書いた物語や詩が残されているから、旅の様子が私たちにもわかるし、沈んでしまった船の残骸も海の底でいくつか見つかっている。

　1982 年には、トルコ沿岸のウルブルンと呼ばれる岬に近い海底で、とっても古い1 隻の沈没船が発見された。エフェソスからそれほど遠くない場所だ。最初に見つけたのは、海綿を探して海にもぐっていたメフメット・チャキールという名の若い漁師だった。チャキールは何か見慣れないものが海底に埋もれているのに気づいて、地元の考古学博物館の館長にその話をした。そこで、水中考古学の専門家チームがその場所を調べることになった。すると、水深 50 メートルほどの海底で古代の船が見つかった……そしてそこには、さまざまな宝物もいっしょに沈んでいたんだ。

　この「ウルブルン沈没船」と呼ばれる船には、沈んだ当時、10 トンの銅と 1 トンの錫が積まれていた。銅のほとんどは近くのキプロス島でとれたものだったけれど、錫の一部は、何千キロメートルも離れたウズベキスタンでとれたものだった。道具や武器も見つかっている——鎌、のみ、のこぎり、鋤の刃、矢、槍の穂先、戦棍（柄の先に重い金属の塊がついた武器）、短剣、4 本の刀、2 本の斧。アフリカでとれる黒檀という木材や、象牙の一部、ダチョウの卵の殻が数個、10 本以上のカバの歯もあった。考古学者たちはそのほかに食べものの残りも見つけた——オリーブ、イチジ

ク、アーモンド、ナッツ、ブドウ、ザクロ、コリアンダー（パクチー）やクミンなどの香辛料――それからウルシ。そしてこの船は、たくさんの宝飾品も運んでいた。黄金のペンダント、銀の腕輪、貝殻の指輪、琥珀のビーズ、象牙で作られた2個の化粧品箱。昔はリュートという弦楽器の胴の部分として使われたカメの甲羅に、**カバの牙を彫って作られたラッパなんてものまであった。**

　この沈没船からは、興味をかきたてられる品物がとってもたくさん見つかったから、考古学者たちがそれをぜんぶ陸上に引き上げるためには、2万2000回以上も潜水作業をする必要があったんだ。大昔の宝物を探しに海に潜るなんて、すばらしい仕事に思えるね！

　ウルブルン沈没船は、なぜ沈んでしまったんだろう？　それは美しい歌声のセイレーンのせいでも、ひとつ目の巨人のせいでもない。たぶん、大嵐にあったせいだ。怪物はいなくても、世界はとても危険な場所だったんだよ。だから、鼻水をたらした男の子も赤毛の女の子も、旅をこわがるのはあたりまえだった。ヘラクリトスがいよいよお父さんの船「テセウス号」に乗り込むときになって、ちょっとだけ心配そうに見えたのも、しかたのないことだ。

「どうしたんだい？　ヘラクリトス」と、船乗り見習いのイアソンが声をかけた。イアソンはヘラクリトスより少し年上で、ヒツジの毛でできた黄色い上着を着ている。「なんだかこわそうだね」

第1章　竜人間、アリ人間、オオカミ人間

「こわくなんかないさ！」ヘラクリトスはそう言って、勇ましそうな表情を浮かべる。

「大丈夫、みんなこわいんだよ。ぼくがはじめて大航海に出たときには、ほんとうにおそろしかった」と、イアソンは言った。

「ほんとう？」ヘラクリトスは驚いて聞き返す。船乗りにはこわいものなんか何もないと、いつも思っていたからだ。

「もちろんさ。**世界には竜と魔女と海賊がいっぱいいて、もしキュクロプスに食べられなかったとしても、外国人に食べられるにきまってるって、みんなから言われたからね**」

「それで、その話はほんとうだったの？」

「ほんとうだったところも、そうでなかったところもある。キュクロプスや魔女はいなかったけれど、危険な外国人に出会ったことはあるからね。ぼくのもっているものを盗んで、ぼくを殺そうとしたんだよ。でも、ほんとうに親切な外国人とも知り合いになって、今では親友になった。そんな親友たちが、このテセウス号にもいる！」

「なんだって？！」ヘラクリトスは大声を上げながら、あたりをきょろきょろ見まわした。「ほかの船乗りっていうこと？」

「そうさ。船乗りがみんなエフェソスの人というわけじゃないからね。ほら、ぼくの仲間のオイディプスを紹介するよ。オイディプスはテーベの出身だ」

「オイディプスって、あんまり聞いたことのない名前だな」と、ヘラクリトスが小声でつぶやいた。

「そうだろうね……」と、オイディプスが返事をした。「お母さんが、自分の好きな劇に出てくる大昔の王さまの名前を、ぼくにつけたんだ」

「そうだったんだ」と、ヘラクリトスが言う。「前にテーベの劇を見たことがあって、竜が出てきたよ！」

「そのとおりさ！」オイディプスが説明をはじめた。「昔はテーベに竜がいた。ずーっと前のことだけれどね。竜が住んでいた時代には、人間はこわがって、だれもそこに近づかなかったんだ。あるとき、フェニキアからカドモスという名の王子がやってきた。カドモスの友だちはみんな竜にやられてしまったけれど、カドモスは勇敢に戦って、ようやく竜を退治することができた。そのとき女神アテナが姿をあらわし、竜の歯を抜いて地面にまくよう命じたんだ。カドモスが言われたとおりに竜の歯をまくと、そこから武装した戦士たちが生まれ

てきて、手にした剣でカドモスに襲いかかった。そこでカドモスは、戦士たちのあいだに石を投げ入れたんだって。すると戦士たちはすぐにカドモスを置き去りにして、お互いに争いはじめたんだよ。そのためにほとんどの戦士が死んでしまった。でもカドモスが最後の5人に声をかけ、争いをやめて新しい都市を作る手伝いをするよう言い聞かせた。そうやってテーベが生まれたのさ。ぼくたちテーベ人は竜の子孫だ。ぼくたちは竜人間なんだ！」

「おもしろい物語だな」と言いながら、アキレウスというもうひとりの船乗りが話に加わった。「でもな、もし**テーベがカドモスと、竜の歯から生まれた5人の男たちによって作られた**のなら、どうやってその都市で子どもたちが生まれたのかな？　女の竜人間についてはなんにも言わなかったじゃないか」

「ちょっと待って、アキレウス」と、オイディプスは答えた。「少なくともぼくは、かかとに受けた傷をどうにもできなかった男から名前をもらってないからね。きみは自分が竜人間じゃないから、ぼくのことがうらやましいだけだよ！」

「おいおい、どうしておれがうらやましがるんだ？」アキレウスは大声で笑いながら、胸を張った。「おれは、これまでで最も偉大なる英雄の名前をもらっているし、世界一すばらしい島、アイギナ島で生まれたんだ！　それにおまえは、おれたちアイギナ島の住人がどこからきたか、知っているだろう？」

「知らないよ」と、ヘラクリトスは首を横にふった。

「いいか、ある日、女神ヘラがアイギナ島の人たちに腹を立てて、島に疫病をもたらし、住人をひとり残らず死なせてしまったんだ」

「でも、どうしてそれでアイギナ島の人たちがどこからきたかわかるの？」

「まだ、話は終わってない」。アキレウスはイライラしたようにつづける。「人の話のとちゅうで口をはさむなんて、行儀が悪いぞ。えーと、どこまで話したんだったかな？　そうだ、そうやって島にはだれもいなくなってしまった。**そこで最高神ゼウスが奇跡を起こして**、アイギナ島にいたアリを人間に変えたんだよ！　だから島の住人はミュルミドンと呼ばれていて——ミュルミドンは「アリ人間」という意味だ——おれたちはアリのように荒々しいし、アリたちがアリの王に忠実なように、おれたちの王に忠実なんだ」

「アリに王なんかいないよ！」と、長いひげを生やした別の船乗りが声をたてて笑った。「アリにいるのは女王だ。それにアリが荒々しいなんて、今はじめて聞いたよ。

第1章　竜人間、アリ人間、オオカミ人間

なにしろアリなんてかんたんに踏みつぶせるからね。それに、だれかがアリを人間に変えられるって、きみは本気で思ってるのかい？　そんなこと、神にだって無理だろうよ」

「おまえは平気でアリを踏みつぶすわけじゃないだろうね？　ヨナ」。アキレウスはひげの船乗りに念を押した。「さもなければ、おれたちアリ人間の気性がどれだけ荒いか、見せてやるぞ！」

「まあ、落ち着けよ」と、ヨナは言った。「おまえのことなんかちっともこわくないさ、アキレウス。おれは世界一の神に守られているからね──われわれの民族の神、空の上にいらっしゃる偉大なる父だ。おれはその神を天にいる自分の父親だと思っているよ。はじめ、おれたちの民族はエジプトの地で奴隷として生きていたんだ。でもその後、『天の父』がおれたちを助けてくれた。『天の父』はエジプト人の上にカエルを雨のように降らせて太陽をおおい隠したから、そのあいだにおれたちは逃げだした。するとエジプト人は、たくさんの兵士とウマをくりだして、あとを追ってきた。でも『天の父』が奇跡を起こし、海の水をふたつに割って道を作ってくれたから、おれたちは海をわたってカナンと呼ばれるすばらしい土地にたどり着くことができたのさ。エジプト人はおれたちを追ってこようとしたけれど、『天の父』がまた海を閉じたから、みんなおぼれてしまった！　おれたちユダヤ人は、そこからやってきたんだ」

「私はエジプトに3回行ったことがある」と、ガイウスという名の船乗りが口をはさんだ。「でもエジプトでは、そんな物語はだれも知らなかった。エジプト人だって、空からカエルが降ってきたことや、海が割れたことくらいは、おぼえていそうなものだけれどね」

「たぶん、忘れちゃったのさ」と、ヨナが答えた。「もうずっと前のことだから」

「そうか」と、ガイウスは誇らしげに言った。「私たちがやってきたことはだれも忘れていないし、私たちがどこからやってきたかは、だれもが知っているよ。ずっと昔、アルバ・ロンガという街で**王女が双子の兄弟を生んだ。ロムルスとレムスだ**。父親は軍神マルスだった。アルバの王は、この双子がどこか特別で魔力を秘めているのに気づいて、いつか自分の王位を奪うのではないかとおそれた。そこで兵士に、双

子の赤ちゃんをテヴェレ川に流してしまうよう命じたんだ。でも赤ちゃんは川岸に流れつき、それをメスのオオカミが見つけた。オオカミは双子を自分のねぐらに連れていき、食べてしまうのかと思ったら……なんと、乳を飲ませたんだよ！ そしてロムルスとレムスは成長すると、悪者の王を倒し、新しい都市ローマを作り上げた」

「きみはローマ人なんだね！」と、ヘラクリトスは不安そうに大声を上げた。

「そうだよ、私はローマ人だ」とガイウスは言って、オオカミみたいにうなってみせた。
　船乗りたちはみんなで大笑いし、ガイウスはふざけているのだとヘラクリトスに話した。「ただおまえを、こわがらせようとしているだけだよ。ガイウスはローマ人だけれど、どこのだれよりも、いいやつさ。アリを踏みつぶすことさえしない」

「そのとおり」とガイウスは言い、まじめな顔をした。「私はここにいる仲間のアキレウスと同じくらい、アリも好きなんだ。みんなちっとも気にしていないけど、よく見てみると、だれかに踏まれたアリはほんとうに苦しんでいるのがわかる」

「それなら、どうしてこの船に乗っているの？」と、ヘラクリトスはたずねた。「それに、ギリシャ語を話せるんだね。ぼくは、ローマ人はラテン語を話すのかと思っていた」

「そうだ、私はローマの兵士だった」と、ガイウスは答えた。「みんなからは『軍団兵』と呼ばれて、軍隊にいたときには暴力をたくさん目にしたよ。そんなことにもう耐えられなくなったんだ。そしてだれかから、インドという遠い国の話を聞いた。そ

第1章　竜人間、アリ人間、オオカミ人間

の国では一部の人たちが暴力に反対していて、アリを踏むことさえしないんだって。だから私はインドに旅して、インドの人たちに会うことに決めたんだ。ところが私の乗った船が海賊に襲われて、みんな殺されてしまい、私ひとりだけが生き残った。私は船から海に飛び込んで、木のかけらにしがみついたまま3日間も漂流していたんだ。そのまま死んでしまうにちがいないと思ったよ。きっと私が軍隊でやったいろんな悪いことに、神さまが罰を与えていたんだろうね。そのとき、きみのお父さんがテセウス号で通りかかって、助けてくれたってわけさ。きみのお父さんも、ほかの船乗りたちも、みんなとてもよくしてくれたから、私はテセウス号に残ることに決めた。それが10年前のことだから、ギリシャ語をおぼえる時間もたっぷりあったよ。でもまだ旅をつづけたいし、いつかはインドに行ってみたいという気もちはある」

「それならヨナは、どうやってギリシャ語を話せるようになったの?」と、ヘラクリトスがまたたずねる。「ユダヤ人はヘブライ語を話すと思っていたんだ」

「だいたいはガイウスと同じだな。ヤッファの港からイベリアにむかっているあいだに、乗っていた船が嵐で沈んだんだよ。でも、大きな魚がおれの命を救ってくれた」

「魚だって?!　それって、ほんとうの話?」

「ほんとうさ。おれはなんとか無人島まで泳ぎついたんだが、そこには食べるものが何もなくて、もう少しで飢え死にしそうになった。そんなときに大きな魚をつかまえることができて、それを食べたんだ。だから、魚が命を救ってくれたってことだ。その魚がなければ、おれは死んでしまっただろうな。魚を届けてくれたのは『天の父』にちがいないと思ってる。それから1週間後にテセウス号が近くを通りかかり、おれを乗せてくれた。そしてガイウスと同じで、みんなといっしょに暮らすうちにギリシャ語をおぼえたんだよ」

「じゃあ、きみたちふたりは、どうやってギリシャ語がそんなにうまくなったの?」と、ヘラクリトスはオイディプスとアキレウスにも聞いてみた。

「何を言ってるんだ!」と、テーベ生まれとアイギナ島生まれのふたりは声をあわせて叫んだ。「テーベでもアイギナ島でも、みんなギリシャ語を話しているよ。エフェソスの人たちよりうまいくらいだぞ!」

人類の物語　Unstoppable Us

小さい船と
大きい市場

　テセウス号の船乗りたちと同じように、人はいくつもの言語を話せるようになる。きみも学校で外国語を勉強するだろうし、もしかしたらきみの家族は、家では別の言語で話しているかもしれない。でも、同じ言語を話すからといって同じ考えをもつとはかぎらないし、同じ言語を話していても同じ国の人だとはかぎらない。現在、メキシコ、アルゼンチン、キューバの人々はみんなスペイン語を話しているけれど、この3つはちがう国だ。同じように、エフェソス、テーベ、アイギナ島で暮らしていた古代の人々はみんなギリシャ語を話していたけれど、そのすべてが含まれるギリシャというひとつの大きな国はなかった。**そのころのギリシャ人は、何百という独立した集団、都市、島、王国にわかれて暮らしていた**からね。そしてそのそれぞれがちがう物語を信じ、ちがうリーダーに従っていた。ときにはお互いに戦うことさえあった。

　たとえば、ギリシャ人の都市アテネと、同じくギリシャ人の都市スパルタが戦った、大きな戦争のことを聞いたことがあるだろうか。それはペロポネソス戦争と呼ばれ、やがて——テーベやアイギナをはじめとしたほかの地で暮らす——ほとんどのギリシャ人が、アテネとスパルタのどちらかの側に加わることになった。アテネで暮らす人もスパルタで暮らす人も同じギリシャ語を話していたからといって、このおそろしい戦争を避けることはできなかったんだね。ユダヤ人やローマ人もギリシャ語を身につけることはできたけれど、それでユダヤ人とローマ人とギリシャ人がいつも仲よく暮らすことが約束されたわけじゃなかったんだ。

　こうして言語の力でも人々をしっかり結びつけられなかったのなら、テーベの竜人間とアイギナ島のアリ人間がエフェソスで暮らす人と仲よくするためには、いったい何が役に立ったのだろうか。そしてそれらの人たちはどうすれば、ローマのオオカミ人間やユダヤ人やカルタゴ人を信用できたのだろう。

032

第1章　竜人間、アリ人間、オオカミ人間

　こうした疑問が、カルタゴにむかう船に乗ったヘラクリトスの頭からも離れなかったにちがいない。そして、つぎのように考えをめぐらせた。
「たぶん、テセウス号みたいに小さい船に乗っていれば、さまざまにちがっている人たちも仲よくできるんだろう。みんなあわせてもわずかな人数だし、じかに相手を知る時間もたっぷりあるからね。ぼくのお父さんはテセウス号に、ガイウスのような、ほんとうによい船乗りだけを選んで乗せてきたから、何年かいっしょにいて全員が友だちになった。でも、ぼくたちがカルタゴに着いたら、いったいどうなるのかな？
カルタゴの市場には、世界じゅうのどこよりもたくさんの外国人たちがやってくるって聞いたし、そのほとんどは、ほんの何日かしかそこにいないらしい。お互いの言語をおぼえたり、相手の物語を聞いたり、友だちになったりする時間なんて、ないにちがいない。だとしたら、みんなどうやったら仲よくできるんだろう。そこにいる外国人はみんなぼくを襲って、何かを盗もうとするのだろうか。それともカルタゴの人たちは、何千人もの外国人たちがお互いを信じられるようにする、何か秘密の方法を知っているのかな？」
　ヘラクリトスの旅のつづき、そしてヘラクリトスが考えをめぐらせていたこの疑問の答えについては、ちょっとのあいだ忘れておくことにする。この物語の結末は、またあとでわかるだろう。今のところは、カルタゴに上陸して、その秘密を探ってみよう。

第2章

市場の秘密

第2章　市場の秘密

失われた都市

　きみは、いつか遠いジャングルや砂漠まで旅して、「失われた都市」を見つける自分を空想することはないかな？　そこには長いあいだ忘れられていた神殿と隠された宝物が、山ほど残されているはずだ。夢物語に聞こえるかもしれないけれど、実現することだってある。**世界のあちこちに「失われた都市」は実在する**からね。カルタゴもそんな都市のひとつだ。

　カルタゴは、北アフリカの地中海沿岸に作られた都市だった。今ではそのあたりが、チュニジアと呼ばれる国になっている。でも、たとえきみがチュニジアに旅行してカルタゴを訪ねたとしても、もう壮大な都市は見られない。あるのはくずれ落ちた建物に、折れた大理石の柱、散らばった石材、たくさんの陶器の破片ばかりだ。そのあいだを、クモとサソリとトカゲが走りまわっている。それでももし土を掘ることが許されたなら、神殿や宮殿、美しい彫像、大昔の宝石に剣、黄金の王冠、銀の腕輪を発見できるかもしれない。**カルタゴは、その全盛期には、おそらく世界一大きくて世界一豊かな都市だった**からね。

　カルタゴはおよそ2800年前に、フェニキアから北アフリカにわたったフェニキア人によって建設された都市だ。ヘラクリトスが航海でカルタゴを目指すころまでには、すでにカルタゴ市内で50万人のカルタゴ人が暮らし、周辺の小さな町や村にも数千人の住民がいた。

　ここで、近くの小さな村にふたりのカルタゴ人の子どもが暮らしていたと想像して、話に加わってもらうことにしよう。ハンニバルと、その妹のサポニバルだ。このふたりはカルタゴ市内に住む姉に会おうと、にぎやかな都市に生まれてはじめてやってきた。ふたりは、カルタゴの守護神と言われていた、偉大な主神バアルとその妻の母神タニトの有名な神殿にも行ってみるつもりだった。ところが、ふ

037

　たりともカルタゴにくるのははじめてだったし、カルタゴはとても大きい都市だったから、ハンニバルとサポニバルは迷路のように入り組んだ道ですぐ迷子になってしまった。でも運よく市内で暮らす女の子に出会い、助けてもらえることになった。
「あのー、ちょっと聞きたいんだけど」と、ハンニバルはできるかぎりやさしい声で話しかけた。「バアルとタニトの神殿に行くには、どの道を行けばいいの？　ぼくたち、迷っちゃったみたいで」
「もちろん教えてあげる！」と、女の子は言った。「迷子になったって、気にすることなんかないのよ。はじめてここにきて道がわからなくなる人なら、毎日のように見かけるから。私の名前はバトバル。でも、バティって呼んでね」
「会えてよかった、バティ」と、サポニバルも会話に加わる。「私はサポニバル。私のことはサポって呼んでほしいな。こっちはお兄ちゃんのハンニバル……呼ぶときは、ええと、やっぱりハンニバルでお願い。お兄ちゃんは、自分の名前を短く呼ばれるのが好きじゃないんだ」
「そのとおりさ」と、ハンニバルもうなずいた。「ぼくは自分の名前をそのまんま呼んでほしい。有名なハンニバル将軍の名前をもらっているんだからね」
「ああ、その名前なら聞いたことがあるわ」と、バトバルはうなずいた。
「将軍のことはみんな知っているよ！」と、ハンニバルは大きな声を出した。「**将軍はカルタゴ全軍とゾウの部隊を引きつれて、雪のつもったアルプス山脈を越えたんだ**——そんなすごいこと、それまでやった人はだれもいなかったからね！　それにカンネ

038

第2章　市場の秘密

ーの戦いで大勝利をおさめたときには、ローマの16もの軍団を
いっぺんに打ち倒したんだよ！」

サポニバルはあきれたように、こうつけたした。「そうね、お兄ちゃん、いつ
もその話ばっかりしてるけど、最後には戦争に負けちゃったこと、言うの忘れてるよ
……」

混みあった通りを3人で歩きながら、サポニバルとハンニバルは街の様子に目を
丸くした。自分たちが暮らす村では、だれもが小さい家や小屋に住み、水をくみたけ
れば村の井戸まで歩いていかなければならない。でもカルタゴには、高い建物の並
ぶ集合住宅があり、そこではたくさんの人たちが暮らしていて、上の階に水を運ぶパ
イプまであった！　もっとびっくりしたのは、あたりにいる人の数だ。自分たちの村に
住んでいる人は100人ほどで、ふたりは村人をみんな知っていたし、イヌやヒツジを
見てもすぐにだれのものかわかった。一方のカルタゴには50万人ものカルタゴ人が
住んでいただけでなく、外国人が何千人もやってきていたんだ。サポニバルとハンニ
バルはまわりの人たちが話すいろいろな言語を耳にして、ほんとうに驚いた。

そのときとつぜん、ハンニバルがショックを受けたように大声を出した。「偉大なる
バアルとタニトの神よ！　だれかがラテン語を話しているのが聞こえてきた気がする。
ここにはローマ人がいるの？」

「ちょっと落ち着いたほうがいいよ」と、バトバルが言った。「あれはギリシャ語だっ
たわ。でももちろん、ここにはローマ人だっている」

「偉大なるバアルとタニトの神よ！」ハンニバルはまた大声を出した。「それならあい
つらをやっつけなくちゃならない！　急いで。ぼくたちがやられる前に！」

「だれかをやっつけようとしている人なんて、だれもいないのよ」と、バトバルはきっ
ぱりした口調で言った。「ハンニバル将軍が戦争に負けてからずっと、カルタゴとロー
マは平和にやってきたんだから」

すると、ハンニバルがそれ以上ローマ人への不満を口にする前に、サポニバルが
大急ぎでつぎの質問をした。「バティ、教えてほしいんだけど、こ
の街にはどうしてこんなにたくさん外国人がい
るの？　みーんな、バアルとタニトの神殿
を見にきてるわけ？」

「なかにはそういう人もいるわ

人類の物語　Unstoppable Us

　ね」と、バトバルは答えた。「でもほとんどの人は市場を自当てにきているの。カルタゴの市場では、なんでも手に入る。ゾウだっているから」

　バトバルが言ったことは正しかった。カルタゴの市場は世界一の規模を誇り、何百キロメートル、いや何千キロメートルも離れた地で暮らす外国人までひきつけていたからね。アラブ人やユダヤ人の商人はコショウやシナモンなどの香辛料をもってカルタゴにやってきたし、ギリシャ人の商人はギリシャから最高級のワイン、香料、壺や皿などをもち込んだ。また、エジプト、ペルシャ、インドの商人は金銀の宝飾品、上質な布地、ガラス、紙によく似たパピルスを運んできた。そしてもちろん**ゾウだって買えた。アフリカのサバンナからカルタゴに連れてこられたゾウだ。**

　「ゾウだって？！　ぼくはゾウが大好きだよ！　ハンニバル将軍はゾウに乗って、ローマの門の前まで行ったんだ！」ハンニバルは思わず大声で言った。

　「この変わったにおいは何？」と、なんとか話題を変えたいサポニバルが聞いた。

第2章　市場の秘密

「それはガルム。腐った魚のソースよ」。バトバルがそう教える。

「腐った魚のソース？　そんなものを食べるの？」サポニバルとハンニバルは、同時に驚きの声を上げた。

「世界一おいしいんだから！」バトバルは説明をはじめる。「最高のガルムはスペインで作られたものなの。まず小さい魚から内臓を取りだして、それに塩をまぜ、2か月か3か月くらい太陽の光をあてておくとできるって聞いたわ。カルタゴの商人たちがスペインまで行って、ガルムの詰まった素焼きの壺を山ほどもって帰ると、ほかの場所から別の商人たちがカルタゴまで、そのガルムを買いにやってくるっていうわけ。きみたちも、ちょっと味をみてみる？」

「いや、大丈夫」。ふたりは声をそろえて答えた。「腐った魚はやめておく。オリーブオイルのほうが好きなんだ」

「それなら、ここはぴったりの場所ね」。バトバルはニコニコして話をつづける。「つぎの通りにあるオリーブオイル屋さんに行かなくちゃ。そのお店はギリシャの商人からオリーブオイルを仕

人類の物語　Unstoppable Us

入れていて、ギリシャの商人は、どこに行けば世界で最高のオリーブオイルが手に入るかを知っているの！　ほんとうよ。カルタゴの市場なら、どんなものでも手に入る。だから、世界じゅうからたくさんの人たちがここにやってくる。だから、カルタゴは世界でいちばん豊かな都市なの」

「それじゃあ、みんなは自分たちのオリーブオイルやシナモンやゾウを売るためにここにきて、腐った魚のソースや布地を買って、それからギリシャとかアラビアとかの故郷に戻るんだね」と、ハンニバルは言った。

「たいていはそうね。でもときにはもっと長くとどまる人もいて、もしかしたら一生ここで暮らす人もいるかもしれない。私のおじいちゃんがそうだったように」

「きみのおじいちゃんが?!」と、ハンニバルは驚いて目を大きく見開いた。

「ええ、おじいちゃんの名前はヘラクリトス。おじいちゃんは子どものころ、私たちと同じくらいの歳で、自分のお父さんといっしょにギリシャのエフェソスという都市からカルタゴの市場にやってきたの。でも、市場で出会ったカルタゴ人の女の子と恋に落ちて──それが私のおばあちゃん──そのままここで暮らすことにしたんだって」

「偉大なるバアルとタニトの神よ！」またハンニバルが大声を上げた──どうやらこれが口癖のようだ。「きみは、ぼくたちをだましていたんだね。きみはギリシャ人じゃないか！　それならなぜ、カルタゴ人の名前なの？」

「私はギリシャ人じゃないわ」と、バトバルは強い口調で言った。「私はみんなと同じカルタゴ人よ。きみたちと同じようにバアルとタニトの神さまも信じてる。ギリシャ語だってまったく話せない。知っているのは、おじいちゃんから聞いた、ちょっとした悪口くらい。おじいちゃんは、ふだんはフェニキア語を話すけれど、本気で腹を立てると今でもギリシャ語で悪口を言うから」

ハンニバルはちょっと落ち着いて、こう言った。「ええと、とにかくきみはギリシャ人で、ローマ人じゃないんだね。ギリシャ人はぼくたちの友だちだ。ギリシャ人もローマ人のことがきらいだからね」

「偉大なるバアルとタニトの神よ！」こんどはバトバルが大声を出した。「私はギリシャ人じ

042

第2章　市場の秘密

ゃない！　ただ私のおじいちゃんが海をわたってきたからっていうだけで、私が外国人だということにはならないのよ」

「あのねえ」と、サポニバルはハンニバルの目をじっと見ながら言った。「私、おばあちゃんから聞いたことがあるよ。カルタゴ人はみんな、はじめは海をわたってきたんだって。この国は、ずっと前にはもともとここにいたヌミディア人のものだったけれど、あるときフェニキアからエリッサという名の王女が遠征してきた。エリッサとフェニキア人たちがやってきたとき、この地の王イアルバスは、エリッサの一行がとどまることを許さなかったんだ。ただ、1頭の牡ウシの皮でおおえる広さの土地だけなら使っていいって言った。そうしたら、王女エリッサはいったい何をしたと思う？」

「何をした？」と、ハンニバルは聞いた。

「エリッサは1頭の牡ウシをしとめて皮をはぐと、皮を細く細く引き裂いて、ものすごく長いひもを作った。そしてそのひもで取り囲んだ土地を使えるようにしたんだよ。そうやって私たちはこの土地を手に入れ、そこにカルタゴを建設したっていうわけ」

「そう言われてみると、ぼくもおばあちゃんから、その物語を聞いたのを思いだしたよ。それならぼくたちはみんな、ずっと昔に別の国からやってきた外国人ということになるのかな？」

人間は木じゃない

だれが外国人で、だれがその土地の人かを判断するのは、そうかんたんではない。**人はときに国から国へと移動する。**ある国の人が別の国で暮らしはじめて、その土地の人と結婚することもある。そして、竜の歯を戦士に変える奇跡も、アリを人間に変える奇跡もなく、ただ時間が少しずつ外国人を土地の人に変えていく。

サポニバルとハンニバルは王女エリッサとその物語のことを考えながら、黙り込んでしまった。それならば、自分たちはみんな外国人なんだろうか？　ようやくバトバルが、そうした考えをさえぎるように声を上げた。

043

人類の物語　Unstoppable Us

「私のおじいちゃんのヘラクリトスが、人間は木じゃないって、よく言ってたわ──私たちには、一生ひとつの場所から動けなくするような深い根はないって。人間には足があるから動きまわる。それに馬車やボートや船を考えだしたから、もっと遠くまで移動できるようになった。そうやって動きまわれば必ず、ちょっとずつでも、前とはちがってくる」

「ちがうって、どういうこと？」と、ハンニバルはたずねた。

「そうねえ、私のおじいちゃんの船、テセウス号で起きたことに似ているかな。テセウス号は、もともとおじいちゃんのお父さんの船で、エフェソスで作られたものだった。でも、おじいちゃんがおばあちゃんと結婚してカルタゴで暮らすことにしたときに、結婚のお祝いとしてもらったのよ。結婚してから 1 年たつと、テセウス号のオールが 1 本折れたから、おじいちゃんはカルタゴの市場で買った新しいオールと取りかえた。**それでもまだおじいちゃんの船はテセウス号のままだって言えるのかな？　それとも別の船になっちゃった？**」

「そりゃあもちろんテセウス号のままだよ」。ハンニバルは自信をもって答えた。「オールを 1 本取りかえたくらいでは、船は変わらないからね」

「それからつぎの年にもまた別のオールが折れて、それも新しいのに変えた。それでもまだ、テセウス号？」

「もちろん」

「3 年目には嵐で帆が破れちゃったから、おじいちゃんはまた市場で新しい帆を買った。それならどう思う？」

「まだテセウス号だ」。ハンニバルはそう答えたけれど、ちょっとだけ自信がなさそうに見えた。

「つぎの年、おじいちゃんは船体の厚板が 1 枚腐りはじめているのに気づいたから、その厚板を取りかえた。まだ同じ船？」

「ああ、ぼくはそう思うよ。厚板 1 枚だけだもの」

「つぎの年には 2 枚目の厚板を取りかえた」

「それでもまだテセウス号だ」。ハンニバルはそう答えながら、バトバルは今までに出会ったなかでいちばん賢い子だと思いはじめていた。

「そうやって毎年、1 枚ずつ厚板を取りかえていったら、とうとう元からあった厚板は 1 枚だけになっちゃった。でもその最後の 1 枚もだめになって、おじいちゃんはそ

れを新しい厚板にかえたの。さあ、それでも
まだテセウス号かな？」

「そうじゃないと思う」。ハンニバルはちょっ
と口ごもりながら答えた。「エフェソスで作っ
た最初の船のものは、何ひとつなくなったん
だよね？　オールも、帆も、厚板もぜんぶ。そ
れなら、同じ船だとは言えないんじゃないかな？」

「じゃあ、教えてほしいな、ハンニバル」。バトバルは
こうたずねた。「テセウス号がテセウス号じゃなくなって、ち
がう船になったのは、正確にはいつ？　1本目のオールを取りかえたとき？　1枚目
の厚板を取りかえたとき？　それとも、最後の1枚の厚板を取りかえたとき？」

「う〜ん、どこで線を引けばいいのか、ぼくにはわからないや」

「そうよね。人間も同じだと思う。人間のちがうグループを区別する線を引くのは
かんたんじゃないし、区別する線を越えて移動する人も多い。遠くの地からやってき
た外国人が家族になることもある。私のおじいちゃんがテセウス号に乗ってエフェソ
スからやってきたとき、おじいちゃんはギリシャ人だったのよ。でも、おじいちゃんの
孫の私はカルタゴ人だしね。テセウス号がいつ新しい船に変わったのかを正確に言う
のが難しいように、ギリシャ人がいつカルタゴ人に変わるかを正確に言うのも、やっ
ぱり難しいっていうことね！」

「きみの言いたいことがわかったよ、バティ」。ハンニバルはそう言って、笑顔になっ
た。「いろんな場所からやってきた人たちが市場で交流していると、だれが外国人で
だれが地元の人か、たしかなことは言えないね。でも、まだわかっていないことがひ
とつある。そもそも外国人たちは、どうやって市場で交流をしているんだろう？　オ
ールや帆、衣服やオリーブオイル、それに腐った魚のソースからゾウまで、いったい
どうやってお互いにやりとりしているんだろう？　別々の国からやってきて、別々の
言語を話し、別々の神を敬い、別々の物語を信じている人たちなんだ。それならど
うやってものを売ったり買ったりする話をまとめたり、お互いを信用したりできる
のかな？」

「そうねえ……」。バトバルは、ちょっとだけ考えてから話をつづけた。「市場の人た
ちが同じ言語を話さなかったり、同じ神さまを信じていなかったりしても、まだほかに

ひとつだけ、みんなが信用して、みんなの意見が一致しているものがあるの。それは世界でいちばん奇妙で、いちばん大切なもののひとつよ」

「それはいったい何？」と、ハンニバルはたずねた。

「いっしょにお店に行って、見せてあげるわ。ええと、今、市場で何かほしいものはある？」

「あるよ！」そう大声を上げたのはサポニバルだった。「靴に穴があいちゃったんだ。去年、私のおじさんが作ってくれたんだけど、ほんとうのことを言うと、おじさんは靴を作るのがあんまり得意じゃなくて。市場にだれか、私の新しい靴を作ってくれる人はいると思う？」

「もちろん！ 市場には靴屋さんがいっぱいある。私の好きなウェンアメンのところに行きましょう。ウェンアメンはエジプトからやってきた靴作りの天才よ！ でも、前もって言っておくね。ちょっと気難しい人だって」

「その人は私に靴を作ってくれると思う？」

「ちゃんと頼めば、作ってくれると思う」。バトバルはそう言って、ウィンクした。

これまででいちばん賢い発明品

3人がウェンアメンの店に入っていくと、そこにはとてもきれいな靴がたくさん並んでいて、サポニバルとハンニバルは目をかがやかせた。サポニバルはそのうちの1足をとても気に入ったので、その靴を指さしながら、できるだけ親しみをこめた声で、靴屋の店主にていねいに頼んでみた。「あのー、それと同じ靴を、私のために作ってくれませんか？」

「うーむ……なかなかお目が高いね、おじょうさん。その靴はエジプトの革で作られている。私が遠くナイル渓谷のワニの町からはるばる運んできた革だ。ついている留め金は、まぜもののないキプロス島の銅だからね。とびきりの靴だよ！」

「すてき！ 前の靴を作ってくれた私のおじさんは、私には最高の靴が似あうって言ってたの」

「では、そのおじさんが前に作った靴は、いくらだったのかな？」

「え？ どういう意味？ いくらって？ 私の村ではみんな自分がもっているものを、

第2章　市場の秘密

それがなくて困っている人にあげて、かわりに何かをほしいなんて言わないもの」

「だが、ここはきみの村ではないし、私はきみのおじさんではないからな。それに私には、きみがこの靴を手に入れる余裕があるかどうかもわからない」

「あっ、わかった。靴のおかえしに、私が何かをあげればいいのね」

「そうだ。それがこの市場のやり方だ」

「ええと……」。サポニバルはつぶやいて、自分のバッグのなかをさぐりはじめた。

「きれいなバッグをもっているね。そのバッグとなら、靴を交換してもいい」

「えっ?」サポニバルは驚いて声を上げた。「これはおばあちゃんが私のために作ってくれたバッグで、おばあちゃんは、そのあとすぐに死んじゃったんだ。バッグに花と鳥の模様までつけてくれたのに。だから、このバッグは何とも交換したくない。でも、ほら見て。私、とってもきれいな貝殻をもっているの。きょうの朝、海岸で見つけたんだ。これと交換して!」

　靴屋の店主は顔をしかめた。

「それに、半分だけ食べたパンも」

　靴屋の店主は、もっと顔をしかめた。

「あと、イチジクを5つ。村の畑でとれたもので、とっても甘くて、みずみずしいの!」

「きみは本気で、この革の靴を、たった5個のイチジクと交換できると思っているのかな?」

「もし、もっとたくさんイチジクが必要なら、もっともってくることができるよ。イチジクがいっぱい実った畑があるから大丈夫」

「それなら、**1足の靴を何個のイチジクと交換するのがいいか、どうやったらわかるのかな?**　100個か?　1000個か?　それに私はイチジクがきらいだ。たくさん食べすぎると、おなかが痛くなるからね」

「じゃあ、ぜんぶ自分で食べずに、ほかの人にあげれば?　たとえば、髪を切ってほしければ、床屋さんに何個かイチジクをわたすとか」

「髪を切ってもらうために、近ごろは何個のイチジクがいる?　それに、床屋もイチジクがきらいだったらどうする?」

「えーと、たぶん、イチジクが好きな床屋さんが見つかるまで、もっていればいいんじゃないかな？」

「そんな言葉にはだまされないぞ」。靴屋の店主はひどく腹を立て、強い口調で言った。「私の靴は何年も使えるけれど、きみがもってくるというイチジクは2、3日もすれば腐ってしまうだろう。この話は、もう終わりにする。イチジクをもらっても靴を売ることはできない。店から出ていってくれ。時間の無駄だ！」

「ちょっと待って」。バトバルはそう言うと、ポケットからピカピカの金貨を取りだした。「これで靴を売ってもらうことはできますか？」

「そうこなくちゃ！」靴屋の店主はニコニコ顔になると、バトバルの手から喜んでその金貨を受け取った。「靴を作るよ！」

靴屋の店主はサポニバルの足の大きさをていねいに測り、真新しい1枚の革にいくつか印をつけ、またつぎの日に新しい靴を取りにくるようにと言った。

サポニバルは大喜びしたものの、どうしてそうなったのか、よくわからなかった。そこでバトバルに聞いてみた。

「あの靴屋さんにあげたピカピカ光るものは、何だったの？　それに、どうして靴屋さんはあんなにすぐ、靴を売ってくれたの？　私のイチジクにはひどく文句を言ったのに、あなたの……あなたがわたした……あれには、何ひとつ質問しなかったのはどうして？」

「あれは、お金って呼ばれているものよ。ほら、ここにもうひとつ。これをあげるわ」。バトバルはそう言いながら、サポニバルに金貨を1枚わたした。「今その手にもっているものは、たぶん、**人間がこれまでに思いついたなかで、いちばん賢い発明品**じゃないかな」

「あっ、お金って前に聞いたことがある」。裏返したり、また表に返したりして、サポニバルは金貨をじっくり見た。「いつだったか、お父さんとお母さんが話していたことがあるんだ。でも私は一度も見たことがなかった。私たちの村では使われていないしね。お兄ちゃん、見て！　金貨に女神タニトさまの顔が！　そして裏にはウマが！」

「すごい！」ハンニバルも驚いて声を上げた。「ねえ、バティ、このお金っていうのは、どんな役に立つの？　たしかに、とってもきれいだ。でもなぜ、あの不機嫌なエジプト人の靴屋さんは、あんなにそれをほしがったの？　つまり……何の役に立つのかなあ」

048

お金の物語

　ハンニバルの質問は、とても重要なものだった。今でもまだ、たくさんの人たちが同じ疑問を抱いている。お金がどんな働きをしているかを理解するのはかんたんではないけれど、世のなかで起きるたいていのことはどこかでお金とつながっているんだ。きみたちのお父さんやお母さんは、お金を手に入れるために毎日何時間も、いっしょうけんめいに働いているだろうね——たいていのおとなは人生の大部分を、そんなふうにしてすごす。そして子どもたちから、新しい服がほしい、遊園地に行きたい、なんてせがまれると、「ごめんね、うちにはそんなお金はないの」と返事をするかもしれない。そして**きみもたぶん、毎日のようにお金を使っていることだろう**。お金を払ってお菓子を買ったり、誕生日のお祝いにお金をもらったりする。スケートボードみたいに何か特別なものを買うために、お金をためているかもしれない。

お金はカルタゴの市場の、そして歴史上のたくさんの大きな市場の、秘密をとく鍵だった。**それまで一度も会ったことのないおおぜいの外国人が集まっても市場がうまくいったのは、お金の力があったからだ。**お金の力のおかげで、お互いに協力し、物の値段を決めることができた。でも、お金って、正確に言うと何なのかな？

　時代と場所によって、人々はさまざまにちがった種類のお金を考えだしてきた。でも、基本的な考え方はすべて同じだ――いつでもだれでもほしがるものを用意すれば、だれもがそれを手に入れようとして、いつでも靴やイチジクやスケートボードを売る。カルタゴの市場ができたばかりの時代には、黄金や銀などの貴金属のかたまりがお金として使われていた。それから何世紀かたったころ、エフェソスやその周辺のいくつかの都市の人々がはじめて、そうした貴金属のかたまりから美しい硬貨（コイン）を作りだすことを思いついたんだ。その後、ヘラクリトスとその父親のようなギリシャ人の商人たちがそのアイデアをカルタゴに伝えて、カルタゴ人も自分たち独自の硬貨を作りはじめた、というわけだ。

　別の国の人々も、それぞれ別の種類のお金を使っていた。たとえば、東アフリカと南アジアの多くの地域では、お金としてコヤスガイ（タカラガイと呼ぶ人たちもいる）が使われていた。コヤスガイというのはとってもきれいな貝殻で、アフリカとアジアの一部の島や海岸で見つかる。そうした土地の人々は、コメやダイズやブタを売ってコヤスガイを手に入れておくことができた。そしてそのコヤスガイをいっぱい詰めた袋をもって市場に行けば、靴や壺を買ったり、髪を切ってもらったり、なんでも自分の必要なことに使えたんだ。

　近代になると、ほとんどの国が色とりどりの紙幣（お札）をお金として使いはじめた。きみも紙幣を使うことがあるだろう。でも今では、**世界のほとんどのお金は金属でできた硬貨や紙でできた紙幣ではなく、**もちろん貝殻でもない。では、現在のほとんどのお金はいったい何でできているのかな？

　その答えは、コンピューターのなかの電子情報だ。だれかが1億円もっているとしたら、ふつうは家のなかに100万枚の100円玉を集めてはいないし、10万枚の1000円札をしまってもいない。どこかの銀行の大きなコンピューターにファイルがあ

第2章　市場の秘密

って、ただそこに、その人が1億円もっていることが記録されているだけだ。もし1万円の靴を買いたいと思ったら、そういう電子情報のお金の一部をお店の口座に移すだけですむ。それにはクレジットカードを使うこともできるし、パソコンやスマートフォンを使うこともできる。パソコンなら何回かクリックするだけ、スマートフォンなら画面を数回タッチするだけですんでしまう。たとえお店が遠い外国にあっても、そのお金はあっという間に相手に届く。そうやってお店にお金を移したあと、銀行のコンピューターにあるきみのファイルには1万円減ったことが記録され、お店のファイルには1万円増えたことが記録される。今ではコンピューターのあいだでそのような電子化されたお金（電子マネー）を動かすだけで、世界のどこからでも靴や自転車や家を買えるし、買おうと思えば宇宙船だって買えちゃうんだよ。

このようなさまざまな形のお金は、どれを使っても、とっても便利だ。靴から宇宙船まで、いろいろなものを売ったり買ったりするのがかんたんになるからね。手押し車にイチジクを山ほど積んで市場に行くかわりに、硬貨と紙幣を入れた小さい財布や、電子マネーを入れたスマートフォンをもち歩くだけですむ。それに、お金なら腐る心配をしなくていい。イチジクはすぐに腐ってしまうけれど、硬貨、紙幣、クレジットカード、電子マネーなら、そんな心配はいらないからね。

それでもやっぱりいちばん大切な点は、お金によって物の交換や売り買いがかんたんになることだ。それは、いつでもだれでもお金をほしがるからなんだ。サポニバルがイチジクと交換で靴を買おうとして失敗したのは、靴屋の店主のウェンアメンがイチジクを好きではなかったせいだった。でも、お金をもって靴を買いに行けば、どんなに気難しい靴屋の店主でも、きっとそのお金をほしがる。

私たちはお金を使うことにすっかり慣れているから、だれでもほしがるのはわかりきったことのように思えてしまう。でもほんとうは、とっても不思議なことだ。**お金に興味がある動物は、人間のほかにはどこにもいない！**1個のイチジク、紙幣がぎっしりつまったスーツケース、キラキラ光る金貨でいっぱいの箱をゾウの前に置いて、どれがいいかを選ばせたら、もちろんゾウは迷わずイチジクを取ろうとする。それならなぜ、人間は紙幣や金貨のほうを大事にするのかな？

それは、私たちがお金についての物語を耳にしているせいなんだよ。お金には価値があるとみんなが言って……私たちはそれを信じている。お金というのは、その材料になっている黄金や紙や貝殻のことではない。お金は物語だ。だれかが生まれて

051

人類の物語　Unstoppable Us

　はじめてお金に出会うと、そばにいる人が硬貨や紙幣を示して、お金をめぐる物語を話して聞かせる。「ほら、これを見て。これはとっても役に立つものだ。これだけで1000個のイチジクと同じだけの価値がある！　こういう硬貨や紙幣をほしいなら、長い時間いっしょうけんめいに働いて、手に入れなくちゃならない」。そうやってひとりがその物語を信じ、まわりにいるみんなもその物語を信じれば——その硬貨や紙幣はじっさいに価値をもつようになる。

　お金というのは、じつは、これまでに語られてきたなかで最も成功した物語だ。
世界じゅうで、ほとんどすべての人が信じているのは、お金の物語だけだからね。竜の歯が戦士になる物語や、最高神ゼウスがアリを人間に変えた物語を、すべての人が信じているわけではない。でもすべての人がお金を信じ、お金はイチジクをゾウに変えられることを信じている。もしイチジクをたくさんもっているなら、それを売ってお金を手に入れ、つぎにそのお金を使ってゾウを買うことができるからだ。

　カルタゴの市場で何千人もの外国人たちがうまくやっていけたのは、金貨があったからではなく、金貨についての物語があったからだった。お金にまつわる物語があったおかげで、ほかの物語では意見がくいちがった人たちのあいだでも、靴やゾウの値段については意見がまとまった。こうして、あちこちから集まった人たちがみんな同じお金を使ってさえいれば、お互いに協力し、イチジクも靴もゾウも売り買いすることができたんだ。

第2章　市場の秘密

外国人たちを結びつけるもの

　でも、お金の物語のいったいどこに、それほど人々を信じさせるものがあったのだろうか。もしかしたらきみは、最初のお金がとっても美しかったから、人々が信じはじめたのだと思うかもしれないね。たとえば、古代の硬貨はキラキラかがやく黄金と銀で作られ、表面には神と神殿の姿があざやかに描かれていた。現代の紙幣もやっぱり、神と神殿や重要人物と有名な建物などのカラフルな図柄で飾られている。硬貨と紙幣には短い文が書かれていることもあり、王や神々にまつわる短い詩や伝説などの一節が見つかるだろう。たとえば現代のアメリカの紙幣と硬貨には、英語で「私たちは神を信じる」（In God We Trust）、ラテン語で「多くのものからひとつのものへ」（E pluribus unum）という文字が載っている。どういう意味だと思う？　このふたつの言葉が伝えているのは、アメリカの神とアメリカのお金をめぐる物語が、たくさんの人々を結びつけ、アメリカ合衆国というひとつの国を作り上げているということなんだ。

　こうした肖像や詩や文に加えて、たいていの紙幣には目を引くほど長くて複雑な番号も印刷されているのに気づいたことがあるだろう。今ではたくさんの人々に利用されている電子マネーには、もう神の姿はないけれど、みんなに信用されるように複雑な数字がたくさんついている。

　きみの家にも硬貨や紙幣があるかな？　もしあるなら、手に取ってじっくり観察してみてほしい。小さい場所にたくさんの図柄と文字と数字がぎっしり詰め込まれているのに気づいて、きっと驚くにちがいない。

　ただしそれだけでは、ほかのことではまったく意見があわなかった外国人どうしなのに、お金の物語では意見がまとまった理由を説明できない。なにしろ、カルタゴの市場にいた人たちのだれもが硬貨に書かれた文を読めたわけではないんだ──そ

れはフェニキア語で書かれていて、フェニキア語を理解できない人だっていたからね。同じように、カルタゴのたいていの硬貨には女神タニトが描かれていたけれど、みんながその女神を信じていたわけでもない。じっさいのところ、カルタゴの市場ではカルタゴのものではないさまざまな硬貨も使うことができた。アテネからもち込まれた硬貨も使えたし、そこに描かれていた女神はタニトではなく、アテナだった。ローマの硬貨も使えて、その表面には女神ウェヌスの姿があった。だから、人々がお金を信じた理由は、特別な女神にまつわる物語ではなかったことはたしかだ。それなら、何だったんだろう？

　この問いに答えるために、サポニバルとウェンアメンのところに戻ってみることにしよう。サポニバルは、新しいきれいな靴を受け取るためにまた市場に行くと、ウェンアメンにこうたずねた。「たった1枚の金貨のために一日じゅう働こうとするなんて、どうしてこの金貨をそんなにほしいの？　お兄ちゃんと私には、そのことがとっても不思議なんだ。ふたりで、昨日からずっとそのことを考えてきたんだけれど、まだわからないな」

「私がはじめてこの市場にきたときには、きみたちと同じだったよ」と、ウェンアメンは話しはじめた。「みんなが硬貨をほしがる様子を見て、不思議でしかたがなかった。なぜだかまったくわからなかったんだ。**硬貨はきれいだけれど、食べることはできないし、飲むこともできないからね、そうだろう？**」

「そうそう、そのとおり！」

「硬貨には偉大な神の姿が描かれているが、私はその神を信じていない。私が信じているのはエジプトの神々であるアモン、オシリス、イシスだからな。でも、ここで使われているほとんどの硬貨に描かれているのは、カルタゴの女神タニトや、アテネの女神アテナばかりだ。市場の人たちは私に、硬貨にまつわるすばらしい物語をいろいろ話してくれたんだが、フェニキア語がよくわからなかったから、みんなの言ってることをほとんど理解できなかった」

「じゃあ、なぜ、硬貨を好きになりはじめたの？」

「そうだなあ、私にはみんなが何を言っているかはわからなかったものの、みんなが何をしているかを自分の目で見ることはできた。すると市場にいるほかの人たちは、ほとんどみんな、硬貨を心からほしがっているのに気づいたんだよ。硬貨と交換でイチジクを売っている人が見えた。するとつぎには、とても大きいスイカを硬貨と交換

している人も目に入った。床屋も硬貨と引きかえに髪を切り、医者も硬貨を受け取って病気を治していた。ふたりの悪者が、ほんの2、3枚の硬貨を手に入れるためだけに、男の人を殺してしまったのまで見たことがある」

「偉大なるバアルとタニトの神よ!」サポニバルは大声を出した。

「たしかに」と、ウェンアメンは話をつづける。「ひどくおそろしいことだった。でも私はそれを見たから、とっても大切なことに気づいたんだよ。自分では硬貨を大事だと思っていなくても、もしそれをもっていれば、なんでも自分の好きなものを手に入れられるってね! 硬貨さえあれば、インドの商人から布地を、アラブ人から香辛料を、ギリシャ人から香水を、カルタゴ人から腐った魚のソースを買うことができるはずだ。それに気づいたときからずっと、私はできるだけたくさんの硬貨を手に入れようとしてきた」

「それじゃあ」と、サポニバルはようやくわかったというように話をしめくくった。「**お金を使うには、自分ではお金を信じていなくてもいいんだね。ただ、ほかの人たちがお金を信じているっていうことを、信じているだけでいいんだ!**」

サポニバルがわかったことは、お金の大きな秘密だ。だからお金は、同じ言語を

話さず同じ神を信じてもいない外国人さえ結びつけることができる。ほかの人たちがお金をほしがっているのを目にすれば、自分もほしくなる。自分では、お金でじっさいに何かができるわけではない。でも、お金をもっていれば、ほかの人から何かをもらったり、自分のために何かをしてもらったりできる。お金はじっさいには、黄金や紙やコヤスガイや電子情報でできているわけではない。お金は信用でできているんだよ。きみが、ほかの人たちがお金をほしがっていると信用しているかぎり、きみはお金のことも信用する。

では、もしもみんながお金を信用しなくなったら、何が起きるのかな？　もし農家の人がお金と引きかえにイチジクを売らない、靴屋の店主がお金と引きかえに靴を売らない、床屋がお金と引きかえに髪を切らないと言ったら？　そうするとお金の価値はすっかりなくなって、お金は消えてしまうだろう。

明日の朝、きみが目をさますと、もうだれもお金を信用しない世のなかになっている……もしそんなことが起きれば、きみが一生かけてためたお金があっても、その価値は消滅してしまう。山ほどの金貨をもっていたとしても靴1足さえ買えないし、コンピューターにはたとえきみが1000億円もっていると記録されていても、それをぜんぶ使ったところでイチジクを1個買うこともできない。

第2章　市場の秘密

お金に潜む危険

　カルタゴの市場の外国人たちがお互いを信頼して協力するには、お金が役立った。現在も同じように、お金は世界じゅうのすべての人々が協力する役に立っている。お金のおかげで、地球の裏側にいて同じ言語を話さない、会ったこともない人たちでも、お互いのために食料になる植物や動物を育てたり、本を書いたり、映画に出演したり、新しい機械を発明したりする。お金のおかげで、ふたりの人が世界のどこからやってきたとしても、力をあわせることができる。神や竜にまつわる同じ物語を信じていなくてもかまわない。ただ、相手がお金を信じていると信じていればいいだけなんだ。

　だが、お金はときに、とても危険なものにもなる。カルタゴの市場の人々は、何よりもお金を愛したミダス王の物語を語ることがあった。エフェソスに近いフリュギアという国の王だったミダスは、あるとき魔法使いに出会い、世界でいちばんほしいものをなんでもやると言われたそうだ。ミダス王はしばらく考えてから、こう答えた。「私にはほしいものがたくさんあって、ひとつだけ選ぶことができません。そこで、よいことを思いつきました。私が手を触れると、どんなものでも黄金に変わる力をください。そうすれば私は好きなだけ金貨を作ることができて、ほしいものをなんでも買

えるようになるでしょう」。魔法使いは大きな声を上げて笑うと、「よかろう、願いをかなえてやろう、ミダス王。今からおまえの手が触れたものは、すべて黄金になる」と言った。

ミダス王はさっそく新しい力を試してみることにした。王が小さな石を拾うと、一瞬にして石は黄金に変わった。つぎに大きな木に軽くさわると、その木もまるごと黄金に変わった。王は大満足で召し使いを呼びよせ、黄金の大木を切り倒して王立造幣所に運び、大量の金貨を作るようにと命じた。

「午前中の分としては、これで十分なお金を作れたぞ」と、ミダス王は満足そうな声を上げた。「さて、宮殿に戻ってお昼ごはんを食べることにしようか」。王はそう言いながら愛馬に歩み寄った。ところが、王が手を触れたとたん、ウマは黄金に変わってしまった。「ああ、かわいそうに！」王は思わず大声を出した。「私の大好きなウマが……でもまあ、しかたがない。私にはもう、世界じゅうのウマを残らず買える力があるのだからな！」

王は歩いて宮殿に戻り、昼食の用意をするよう命じた。朝からたくさんの金貨を生みだしたうえに歩いて帰ったせいで、どうにも腹ペコだ。そこで料理人が昼食を作っているあいだにテーブルの上にあるリンゴを食べようと思い、手に取った。でもリンゴは口に届く前に黄金に変わり、かじろうとしたミダス王の歯が折れた。

「ああ、なんということだ！」ミダス王は叫び声を上げた。「私はいったいどうなるのだ？　何も食べられなければ、飢え死にしてしまう！」そこで王室の医師を呼び、薬を調合するよう頼んだ。ところが王はうっかり医師にさわってしまい、医師はまたたくまに金の彫像になった。

ミダス王はおそろしくなって甲高い悲鳴を上げた。その声がひどく大きかったので、心配した王妃がかけつけた。王は王妃を抱きしめ、涙ながらにそれまであったことを話しはじめた……が、すぐに王妃が冷たいこと、そして声ひとつ出さないことに気づいた。ミダス王は愛する妻までも、生命をもたない黄金のかたまりに変えてしまったのだった。

今や宮殿じゅうのだれもがおそれおののき、ミダス王からできるだけ遠ざかろうと一目散に逃げだした。召し使いも、兵士も、王の子どもたちさえ、ミダス王にさわられるのをおそれて宮殿から走り去っていった。王は正気を失って、宮殿の窓から下を流れる川に飛び込んだ。すると王の指先が川の水に触れたとたん、川は黄金に変

第2章　市場の秘密

わり、王はきらめく黄金の硬い表面にぶつかった衝撃で息絶えた。そのときようやくミダスの王国は、すべてを黄金に変えてしまうおそろしい王の手から逃れることができたのだった。

　ミダス王の物語は伝説にすぎない。なんでも黄金に変えてしまう力をくれる魔法使いなんて、どこにもいないんだ。それでもこの伝説は、とても大切なことをみんなに教えてくれる。それは、もし私たちが「なんでもお金に変えたい、そうすればそのお金で自分のほしいものをなんでも買える」と思ってしまうと、やがて不幸になり、世界のすべてが壊れてしまうかもしれない、ということだ。**友だちや愛情を、お金で買うことはできないからね。**

　お金は、同じ言語を話さない人も、同じ神を信じていない人も、みんなが力をあわせるように後押ししてくれる。でももし私たちがお金だけを信用するようになれば、その心は純金と同じくらい硬いものになってしまう。まるでミダス王の手が触れたかのように。貧しい人がおなかをすかせているのを目にしても、その人が代金を支払えないからという理由で食べるものをわたさなくなるだろう。別の貧しい女の人が寒さで震えているのを目にしても、その人がお金をもっていないからという理由で着るものをわたさなくなるだろう。小さな女の子が病気で苦しんでいるのを目にしても、その子の財布が空っぽだからという理由で薬をわたさなくなるだろう。

　お金のせいで心がカチカチに硬くなり、欲深くなってしまった人は、もっと悪いことをすることもある。犯罪者は、ただお金のためだけに人から物を奪い、命まで奪ってしまうことさえあるんだ。国全体が、ただもっと豊かになりたいからというだけで、戦争をすることもある。これは古代のカルタゴ人が思い知ったことだ。カルタゴはお金の助けを借りて、世界で最も大きく、最も裕福な都市になったのだけれど、そうしたカルタゴの市場の豊かさは外国の商人だけでなく、外国の敵までひきつけてしまった。外国人たちが出会う場所としての役割を果たした市場は、やがて戦場となった。ハンニバルがローマ人に対して抱いた不安は、正しいものだった。ある日、オオカミ人間たちが強大な軍隊を引きつれてカルタゴにやってきたからだ……オオカミ人間は、兵士たちの靴を買いにきたわけではなかった。

第3章

悪者たちの子孫

敵から学ぶ

　歴史の本を読むと、つぎからつぎへと戦争が出てくる。魔法の薬と秘密の呪文で戦う魔法使いの物語も同じだ。ゲームも戦争だらけ。なかには1週間のうち何時間も戦争のゲームで遊ぶ子どもたちもいる。もしかしたらきみも古代を舞台にしたコンピューターゲームが好きで、戦士になっていろいろな王国を旅し、剣を手に、ほかの戦士たちと戦っているかもしれないね。また別のコンピューターゲームでは、宇宙船に乗って星や銀河のあいだを飛びまわり、レーザー銃でエイリアンと戦っているかもしれない。

　コンピューターが生まれるずっと前には、プラスチックの銃、木の刀、おもちゃの兵隊を使って戦争ごっこをする子どもがたくさんいた。また、インドの人たちは1000年以上も前にチェスというゲームを考えだした。相手の王さま（キング）を追い詰めるまで、2つの軍隊が戦いつづけるゲームだ。このゲームはその後ペルシャに伝わり、相手を負かしたときに言う「チェックメイト」（checkmate）という語は、「王は死んだ」という意味のペルシャ語、「シャー・マート」（Shah Mat）に由来している。

　現実の世界でも、歴史上のあらゆる時代に戦争が繰り返されてきた。**それでも、戦争は相手とただ戦うだけではない——どの戦争も、出会いをもたらしてきた。**市場と同じように戦場でも、ちがう国からきた人たちが出会い、さまざまな点で人々を変えた。敵が使っていた武器を見て、それとよく似た武器を作りはじめた人たちがいる。同じように、敵が食べているもの、着ている服、遊んでいるゲーム、信じている神も目に入り、ときにはそれを取り入れた人たちもいる。最悪の敵から、最も重要なことを学んだ人たちだっている。

　チェスのゲームで戦争をする軍隊は、お互いから何ひとつ学ばない。ただ、一方が相手側のキングを追い詰めるまで戦いをつづけ、追い詰めたところでゲー

ムは終わる。きみがエイリアンを倒すコンピューターゲームで遊ぶときにも、きみはエイリアンから何も学ばないし、エイリアンもきみから学ぶものはない。きみはただ、自分がやられる前に、できるだけたくさんの敵をやっつけようとするだけだ。その戦いが終わったあと、コンピューターゲームのなかのエイリアンに何が起きるのか、チェスのキングが追い詰められたあとに負けた側の軍隊に何が起きるのか、これまで一度でも考えてみたことがあるだろうか？

　国と国が戦いを繰り広げるとき、じっさいには何が起きるのかを知るために、古代カルタゴに戻ってローマの軍団がやってきたときの様子を見てみることにしよう。

帝国がやってくる

　カルタゴは戦争に慣れていた。カルタゴ人は港と市場を作って外国の商人たちを歓迎していた一方で、自分たちの都市をぐるりと取り囲む城壁も作っていた。それに、金と銀を溶かして硬貨を作っていた一方で、鉄を溶かして剣も作っていた。それはカルタゴが遠くの都市や国から商人たちをひきつけた一方で、たくさんの敵もひきつけていたからなんだ。

　ローマ人はカルタゴにとって最悪の敵だった。きみはこの本を読むずっと前から、ローマ人のことを知っていたかもしれない。ローマ人は歴史上でも指折りの巨大な帝国、ローマ帝国を築き上げたのだから。でも、このローマ人が築いたという「帝国」と呼ばれるものは、正確に言うと何なのだろう？　帝国とは、ひとつの民族がたくさんの外国の民族を征服し、命令に従わせている国のことだ。ローマ人は何百という外国の民族を征服して、そのすべてがローマ人の命令に従うと同時に、山ほどの税をローマに支払うことを強いた。ローマ帝国の一部になったとたん、そうした何百という外国の民族はローマの言語であるラテン語を話すようになったんだ。だからラテン語はとても重要な言語になり、今でもまだ、多くの国が硬貨や紙幣にラテン語の文を載せたり、ウイルスから人間までさまざまな名前にラテン語が使われたりしている。「ウイルス」（virus）はラテン語では「毒」を意味していて、人類の学名「ホモ」（homo）は、ラテン語の「人間」という意味の語なんだよ。

　歴史上にはローマ帝国のほかにもたくさんの帝国があった。中華帝国、アラブ帝

第3章　悪者たちの子孫

国、スペイン帝国、イギリス帝国などだ。だから今でも世界じゅうでたくさんの人たちが、中国語、アラビア語、スペイン語、英語を話している。英語はイギリス帝国の言語だった。きみがだれであっても、はるか昔には、祖先がこうした帝国のひとつで暮らしていたんじゃないかな。

　ローマ人は、カルタゴも自分たちの帝国に加えたくなって、カルタゴ人と何度か戦争をした。そのうちの最大の戦争では、カルタゴのハンニバル将軍がいくつもの戦いで勝利をおさめることができ、大軍と戦闘用のゾウを引きつれて遠くローマの城門の前まで攻め込んだ……けれど、最後にはローマ軍に敗れてしまった。そしてそれから50年ほどの年月がたったころ、こんどはローマ軍が勢いをつけて、カルタゴの城門にせまってきた。

　ハンニバル将軍を破ったローマは、今やカルタゴよりはるかに強大になっていたとはいえ、カルタゴもまだ大きく豊かな都市で、たくさんの兵士と武器をもっていた。数万本の強力な鉄剣、何十隻もの強大な軍艦、およそ2000の大きな投石機（カタ

人類の物語　Unstoppable Us

パルト）を用意して、戦争にそなえていたからね。投石機は鉄と木材で作られた武器で、大きな石を何百メートルも先まで飛ばして、敵の家や船を木っ端みじんに打ちくだくことができた。

　ローマ人たちは、カルタゴを武力だけで征服するのは難しいにちがいないと考えた。そこで悪だくみをして、カルタゴ人が先にすべての武器を捨てるなら、カルタゴと和平を結びたいと申し出たんだ。「平和になれば、今もっている武器はもういらなくなるよね？」ローマ人たちは、そんなふうに言った。

　カルタゴ人は疑った。ローマ人を信用してよいかどうか、まったくわからなかった。でもその一方で、もう戦争にはうんざりしていたし、ローマ人が自分たちより強くなったこともわかっていた。そこで、ローマ人の和平の申し出を受け入れることにしたんだよ。カルタゴ人は自分たちの手ですべての鉄剣、軍艦、投石機を集め、一部は

066

みずから打ち壊し、残りはローマ人にゆずりわたした。

でも、最後の鉄剣をひきわたし、最後の投石機を打ち壊し、最後の軍艦を焼き払ったあとで、ローマ人はこう言った。「あー、もうひとつ条件があるのを言い忘れていたよ。**われわれが和平を結ぶのは、おまえたちがカルタゴの街を捨てて、どこかよその土地に移動したあとにかぎるんだ。**そうしたらわれわれが街を焼き払い、平和がやってくるだろう」

カルタゴ人は驚き、ひどくショックを受けた。みんな自分たちの街が大好きだったし、そこでもう何百年ものあいだ暮らしてきた。近所の人たちが顔をあわせてうわさ話をした街角も、子どものころ遊んだ広場も、神々に祈りを捧げたバアルとタニトの神殿も、貝殻を拾い集めた海岸も、靴や腐った魚のソースを買ったにぎやかな市場も、何もかも大好きだった。だから、そのすべてを捨ててどこかに行くなんて、どうしてもできなかった。

それに、ローマ人が嘘つきだということもわかった。たとえカルタゴ人が街を捨てることを受け入れたとしても、ローマ人がほんとうに和平を結ぶかどうか、信用できるはずがない。もしかしたらローマ人はまた嘘をついていて、カルタゴの街を焼き払ったあと、カルタゴ人すべてを奴隷にするつもりかもしれない。カルタゴの人々は奴隷になんかなりたくなかったから、もう鉄剣も投石機も軍艦もなかったけれど、街にとどまって戦うことに決めた。

みんなが台所から鍋やフライパンをもちより、溶かして鉄剣を作った。椅子、テーブル、ベッド、ドアを分解し、その木材で新しい投石機を作った。住んでいた家まで

倒すと、長くて丈夫な梁を
使って新しく軍艦を作った。

　船や投石機を作るには、木材だけで
なく、やわらかい縄も必要だった。でも、ど
こに行けばたくさんの縄を手に入れることができる
だろうか？　遠くの都市まで船に乗って買いに行く時間は
ない。そこで、長い髪のカルタゴ人は、男も、女も、子どもも、
みんな自分の髪を切り、それで縄を編むことにした！　女の人や、バト
バルやサポニバルのような女の子のあいだでさえ、頭を丸刈りにするのが急
に流行したんだね。鉄剣の使い方、船の帆の張り方、オールの漕ぎ方を知っている
者はみんな──サポニバルのお兄ちゃんのハンニバルも──陸軍か海軍に加わった。
カルタゴ人は大好きな街を全員の力で救い、悪いことをすればどうなるかをローマ人
に教えてやろうと、かたく心に決めた。

　さて、きみは、それからどうなったと思う？　やがて、ローマ人があまりにも強くて、
手に負えないことがわかるときがきてしまったんだ。**勇敢なカルタゴの人々も、スキ
ピオ将軍に率いられた強大なローマ軍の前では無力だった。**スキピオの兵士たちは
カルタゴの城壁を破ると、押し寄せる水がダムを壊したかのように、猛烈な勢いで街
になだれ込んでいった。そしてローマ人たちは６日間にわたって街をくまなく歩きま
わり、目に入った人を残らず殺し、すべての家を焼き払った。現代の考古学者も、こ
のおそろしい攻撃の痕跡をたくさん発見している──焼け落ちた家、投石機で飛ば
された大きな丸い石、たくさんの矢じり、がれきの下に埋もれた人間の骨。

　スキピオはやがて、カルタゴ人の命をそれ以上奪わないよう兵士たちに命じた。で
もそのかわり、破壊された街でなんとか生き残っていたおよそ５万人の人々を奴隷に
して船にのせると、ローマやほかの土地に送り、金貨数枚とひきかえに売りとばして
しまった。あのころあんなに楽しそうに、村で自由に暮らしていたサポニバルのよう

第3章　悪者たちの子孫

な女の子も、裕福なローマ人の家庭の奴隷として生きるしかなかった。

最後に残ったカルタゴ人たちは、カルタゴの近くの小さな町や村に住むことを許された。たぶん、サポニバルのお兄ちゃんのハンニバルは自分たちの村に帰り、バトバルもいっしょにその村に移り住んだことだろう。ふたりは、サポニバルの身に起こったこと、そしてカルタゴの街が破壊されつくしたことを悲しみながらも、いつかまたよい日が戻ってくるだろうという希望を抱いていた。けれどもその後、村での暮らしは厳しいものになっていく。スキピオは村人がそこで暮らすことを許しはしたものの、そのためにはローマにたくさんの税を納めるよう命じたからだ。さらに、今ではがれきの山と化したカルタゴの街を、二度と立て直そうとしてはならないと言いわたした。かつて何十万もの人たちが豊かに暮らしていた大きな街に住む者は、もう、クモとサソリとトカゲしかいなかった。

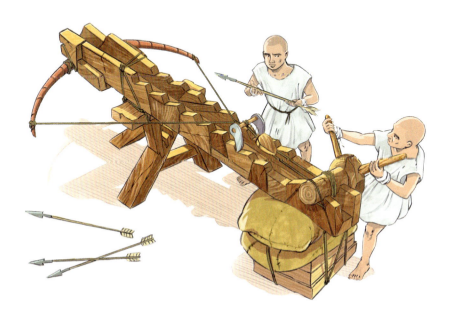

こんな結末を知ったきみは、とてもがっかりしているかもしれないね。**私たちはハッピーエンドの物語にすっかり慣れている。**たいていの物語では、いじめっ子や嘘つきは最後に負けるんだ。本にも映画にも、そんな物語があふれている。とっても強そうな悪者が、嘘をつき、相手をだまし、ひどいことをたくさんしていると、スパイダーマンやワンダーウーマンのようなヒーローが登場して、勝ち目がないように見えたよい人たちが勝つ。ほとんどのアクション映画では、たしかに、はじめはよい人たちが負けている。最初から勝っていては退屈なだけだからね。最初の５分でスパイダーマンが悪者をやっつけてしまったら、おもしろい映画にはならないだろう。だからたいていは、悪者がスパイダーマンをだましてつかまえ、考えつくかぎり最強の、ぜったいに抜けだせないような場所に監禁してしまう……が、やがてスパイダーマンが秘密の抜け道を見つけだしたり、ワンダーウーマンが助けにきたりして、最後の最後に悪者をやっつける。映画なら、ほとんどの場合がそうなるだろう。でも、ざんねんなことに、現実の世界ではそうはいかない。ときには、悪者が勝つこともある。

剣闘士の
学校

　ローマ人はカルタゴ人を打ち負かしただけでなく、ギリシャ人、ユダヤ人、エジプト人、ブリトン人、そのほかにも何百という民族を支配するようになっていった。カルタゴのほかにも数多くの都市を焼き払い、そこで出会ったほとんどの人々を使用人や奴隷にしてしまったんだ。こうやって、ローマ人はローマ帝国を作り上げた。**ローマ人にまつわるおそろしい物語を語れる人たちは、あちこちにいた**——でもみんな、とっても小さい声で話さなくてはならなかったんだよ。ローマ人の耳に届いて、罰を受けることがないようにね。

　もし奴隷になったカルタゴ人の女の子、サポニバルが、同じように奴隷になったほかの子どもたちに出会ったら、お互いの身に起きたおそろしい物語をヒソヒソ声で語り合っていたかもしれない。

　「ローマ人はカルタゴをめちゃくちゃにしたときに」と、サポニバルは話しはじめる。「私を奴隷にしてローマに連れてきたんだ。ローマの市場で、私はローマ人のお金もちに金貨100枚で買われた。それからは、その人の言うことを、なんでもきかなくちゃならない。毎朝、夜が明けるずっと前に起きて、その人の家族のために朝ごはんを作る。運がよければ、私も食べ残しをもらえる。それからお皿を洗って、床をふいて、その人たちの服を洗って、井戸に水をくみにいく。一日じゅう、ただ走りまわりながら洗濯して掃除するだけ。もし許しをもらわずにやすんでいるのを見つかったら、たたかれる。夜も遅い時間になって、その人の家族がとっくにベッドで寝息をたてているころ、私にはまだ、つぎの日にその人たちが着るきれいな服を用意する仕事が残ってる。ようやく寝られる時間になったら、汚れた服を着たまま、その家で飼われている大きなイヌのとなりで床に横になり、いやなにおいをがまんしながら眠るしかないんだ。そんなに働いても、金貨の1枚だってもらえたことはない。私は奴隷だか

第3章　悪者たちの子孫

ら」

「ぼくもローマ人につかまって、奴隷にされたんだ」。そう言ったのはユダヤ人の男の子だった。「ぼくは金鉱で働かされている。毎朝、金を掘る穴にもぐっていかなくちゃならない。大きな山の地下深くに掘られたトンネルなんだ。なかはまっ暗で、空気だって薄い。ぼくは一日じゅう掘りつづけて金を探し、夕方になって穴から出てくるのは、いつも日が沈んだあとさ。そしてローマ人はぼくにカビの生えたパンをよこして、ぼくが見つけた金を残らず取り上げる。ローマ人はその金を使って金貨を作るけれど、ぼくは金貨を1枚ももらえない。ローマ人はなんにもしないで大金もちになるけれど、ぼくは朝から晩まで働いても、まだ貧しいままだよ」

つぎにギリシャ人の男の子が、ローマ人に自分の街を焼かれたこと、両親のもとから連れ去られたこと、剣闘士の学校に売られたことを話した。「ローマ人は剣闘士の戦いを見るのが大好きさ。でも自分の命は大事なものだから、外国人をつかまえて剣闘士にしてるんだ。ぼくたちは剣闘士の学校で、剣と槍を使った戦い方を習う。それから円形闘技場に連れていかれて、ライオンやクマと戦わされる。戦いは、ほんとうにおそろしい。1か月前にはぼくの親友がクマに殺されたのに、ローマ人たちはそれを見て、ただ大笑いしてた！　でも最悪なのは、ぼくたちを剣闘士の学校の友だちどうしで戦わせるときだよ。しかも、友だちだからと戦うのをいやがると、ローマ人が両方とも殺しておしまいだ」

自分がするのはへいき

ふつうなら、帝国のやり方は正しくないと思うはずだ。きみは、汚れた下着を無理に洗わせたり友だちどうしで戦わせたりする外国人から、指図を受けたいと思う？ 人はだれでも自由が好きだよね。**たとえだれかひとりがとても強くて、大きな権力をもっているとしても、弱い者をいじめ、その街をめちゃくちゃに壊し、みんなを奴隷にするなんて、ひどすぎる。**

だからほとんどの人は、帝国は不当だということで意見が一致する。でも、それにはひとつだけ例外がある。どこかの国がとても強い力をもつようになり、すでにある帝国をようやくのことで征服すると、「自分たちの」帝国はまったく悪くないと思ってしまう。みんな、外国人から指図を受けるのはがまんできないけれど、自分たちが外国人に指図をするのはへいきなんだね。それは、いじめっ子にたたかれるのはいやだけれど、自分がほかの子をたたいていじめっ子になるのはへいきな人がいるのに似ている。

　たとえば、カルタゴ人はローマ帝国を憎み、ローマ人の命令に従いたくなかった。**でも、ローマ人に征服される前にはカルタゴ人も、自分たちの帝国を築き**、ほかのたくさんの人々に残酷な仕打ちをしていたんだ。フェニキアから移り住んだ人たちがカルタゴの街を築いた土地は、もともとはその地で暮らしていたヌミディア人のものだった。きみは、その地方の王だったイアルバスの提案をうまくごまかして土地を手に入れた、王女エリッサの伝説をおぼえているだろうか。でもそれは作り話にすぎない。じっさいには、おそらくフェニキアからの移住者が力ずくで土地を取り上げたのだろう。

　その後、カルタゴ人は北アフリカのさまざまな人たちと戦って、まわりの広い土地を奪っていった。さらに、シチリア島、サルディニア島、コルシカ島といった遠くの島々も奪い、有名なハンニバル将軍はスペインの一部まで征服したんだ。ハンニバルをはじめとしたカルタゴの将軍たちは、たくさんの街を破壊し、たくさんの人たちを奴隷にした。ローマがやがてカルタゴを破壊して、その住民たちを奴隷にしたのと同じようにね。

　ギリシャ人もローマに征服される前には、自分たちの帝国を築いていた。ギリシャを率いたアレクサンドロス大王は、たくさんの戦争をし、たくさんの街を破壊し、ギリシャからインドまでつづく広大な帝国を作り上げた。ギリシャ人が戦闘用のゾウをはじめて目にしたのはインドの地だった。そこで自分たちも真似をしてゾウを戦いに用い、

第3章　悪者たちの子孫

それがカルタゴ人にもローマ人にも広まっていったというわけだ。

　ユダヤ人も帝国をもっていた。というより、少なくとも帝国をもっていたと信じかかった。ユダヤ人が誇りをもって語った物語によれば、自分たちはまずカナンの地にやってきた。そこではカナン人やアモリ人といった多くの民族が暮らしていたけれど、ユダヤ人がその地を征服し、たくさんの人々を殺し、殺さなかった人たちを奴隷にし、街を焼きつくしたり取り上げたりしたのだという。ユダヤ人はとりわけ、有名な都市エルサレムを自分たちのものにしたことを誇りに思っていた。ユダヤのすべての王のなかで最も偉大なダヴィデ王がエルサレムを征服し、住民たちを殺すか、さもなければ奴隷にし、エルサレムをユダヤ帝国の首都にしたということだ。ところがのちにローマ人がやってきてユダヤ人からエルサレムを奪い、多くを殺すか奴隷にするかしたので、その後ユダヤ人たちはローマ人の残酷さに不満をもち、そんなふうに振る舞うローマ人はひどいと言った。それでもユダヤ人たちは、ユダヤ帝国のすぎ去った日々のすばらしさを物語にして語り、元気を出したんだ。

　ユダヤ人は互いに語り合っていたことだろう。「ああ、われわれにもかつては帝国があった！　偉大なダヴィデ王はいくつもの戦争に勝利をおさめ、ほかの街を焼き払い、そこに住んでいた人々を奴隷にした。いつかまたダヴィデ王のような新たな王がやってきて、戦争に勝ち、再び帝国を築けるよう祈ろうではないか！」

　一部の賢いユダヤ人は、そんなのは悪い祈りで、もう二度と戦争がないように、帝国が生まれないように、ローマ帝国もユダヤ帝国もできないように、祈らなくてはいけないと話したかもしれない。そうした賢いユダヤ人たちは、こんなふうに言ったはずだ。「もし自分が征服されたり、奴隷にされたりするのがいやなら、なぜほかの人たちに同じことをしたいと思うのか？」ギリシャでも、インドでも、中国でも、世界じゅうのほとんどどこでも、賢い人たちは同じ考えをもっていたんだよ。それは少しも難しい考えなんかじゃない──「**自分がほかの人からされたくないことを、ほかの人にしてはいけない**」

　この考えは、ごくあたりまえのように思えるかもしれないけれど、何千年ものあいだ、世界のほとんどの人たちはあまり賢くなかったらしく、そうは思わなかったんだね。みんな、だれかが自分たちを征服しようとすればひどく泣き叫んだのに、自分たちがだれかを首尾よく征服できると満足していた。帝国はすべて悪だという考えを世界じゅうのほとんどの人が認めはじめたのは、ようやく最近の世代になってからだ。そし

第3章　悪者たちの子孫

て自分たちがほかの人たちを征服しても、それは誇れることではないと思いはじめている。もし自分たちがとても強くて、帝国を築くことができるとしても、それは不当なことだからしてはいけない。ほかの人たちの帝国だけが悪いわけではなく、自分たちの帝国だって悪い。

ローマ人になる

　それでも、歴史はとっても複雑だ。帝国によって征服された民族の多くは、やがてその帝国を好きになっていった。たとえば、ローマ帝国がカルタゴを征服したあと、多くのカルタゴ人はローマ帝国をよいものだと考えはじめ、自分たちを「ローマ人」と呼ぶようにさえなった。

　どうすれば、そんなふうになれるんだろう？　もしも学校でいじめっ子がきみをたたいたり、きみのものを盗んだり、きみに悲しい思いをさせたりしたら、きみはつぎの日にそのいじめっ子を好きになれるかな？　どう考えても無理だろうね。ところが、長い時間がすぎるうちに不思議なことが起きる。時間は、ほとんどなんでも変えられる偉大な魔術師のようなものなんだ。時間は愛を憎しみに変え、憎しみを愛に変えることができる。時間は人のいちばん大切な思い出を忘れさせ、ほんとうは起きていないことを記憶させることができる。**長い長い時間さえあれば、人は自分たちが話していた言語も、自分たちが信じていた神も、自分たちがしていた遊びも忘れて、かわりに自分たちを征服した帝国の言語と神と遊びを受け入れ、身につける。**

　それが、カルタゴ人に起きたことだった。

　　　スキピオがカルタゴを破壊しつくしたあと、がれきの山と化したこの都市は100年ものあいだ忘れ去られ、ただクモとサソリだけが生きる場所になっていた。その後、ユリウス・カエサルと呼ばれるローマの政務官が街の再建を決め、がれきの山を取りはらい、家と神殿を建て、港を開くよう命じる。こうしてサソリとクモは住む場所をなくし、ローマでは土地をもつことができなかった貧しいローマ人たちがカルタゴに移り住んでいった。カエサルは、近くの町や村で暮らしていたカルタゴ人にも新しいカルタゴに戻ることを許したから、ハンニバルとバトバルの孫のだれかは、そうしたかもしれないね。

077

ユリウス・カエサルが暗殺されると、その大甥（姪の息子）アウグストゥスがローマ帝国の新しい指導者になり「皇帝」と呼ばれるようになった。そしてアウグストゥスもそのままカルタゴの再建をつづけたので、ローマ人とカルタゴ人は新しい街で隣人どうしになった。どちらも同じ道を歩き、同じ店で買いものをし、同じ神殿で祈るようにさえなっていったんだ。どちらの子どもたちもいっしょに広場で遊び、砂浜で貝殻を拾うこともあっただろう。ときにはローマ人とカルタゴ人が恋に落ち、もしかしたらおとなになって結婚し、子どもが生まれたかもしれない。こうしてカルタゴは少しずつ大きくなり、ますます栄えていき、また 100 年がたつころには、再び世界でも指折りの大都市になった。<mark>そうなるともう、だれがカルタゴ人でだれがローマ人かも区別がつかなくなった。</mark>おじいちゃんとおばあちゃんの一方がカルタゴ人、もう一方がローマ人という孫たちが、いっぱいいたからだ。

カルタゴの人々は、ローマの言語だったラテン語で話すことをおぼえていった。ローマ帝国のあちこちからやってくる人たちがみんなラテン語を話したから、フェニキア語よりずっと便利だったんだ。現代では、もしきみが英語を話せば、イギリス人とだけでなく、カナダ人とも、ギリシャ人とも、ブラジル人とも、ナイジェリア人とも会話ができる。同じようにローマ帝国でラテン語を話せば、ローマ人だけでなく、ほかのたくさんの人たちとも会話ができたというわけだ。

カルタゴ人たちはローマの遊びまで好きになっていった。剣闘士の戦いはあまり好きになれなかったけれど、劇場に行くのは大好きだった。ローマでは劇場がとっても大切だったから、ローマ人がカルタゴを再建したときにはそこに劇場も作り、ローマから俳優を連れていって、最高の演劇をたくさん上演した。ローマ人もカルタゴ人も区別なく、こうした演劇を見に集まった。みんなでいっしょに悲劇を見ては、子どもが母親と引き離される場面でこぞって泣いた。みんなでいっしょに悪者が登場する劇を見ては、よい人が悪者をやっつける場面でいっせいに拍手喝采した。みんなでいっしょに喜劇を見ては、舞台でだれかがおならをした場面で声をあわせて笑ったんだ。<mark>カルタゴ人がどんどんローマ人に似ていく一方で、ローマ人も征服したすべての人たちからたくさんのことを学んでいった。</mark>ローマ人がそうやって征服した人々から学んだもののひとつが、まさにこの劇場だ。でも、ちょっと待って。たった今、ローマ人が大好きな劇場を、カルタゴにも広めたっていう話をしたばかりだよね？　たしかにそうなんだけれど、じつは、劇場が最初に生まれたのはローマではない。きっと

第3章　悪者たちの子孫

　ローマ人は戦いが得意でも、演じるのは不得意だったんだろう。劇場を最初に生みだしたのはギリシャ人だ。それでも、ローマ人はアテネやエフェソスなどのギリシャの都市を征服したとき、劇場でとっても楽しそうにしているギリシャ人の姿を目にしたことから、ローマにも劇場を作った。そしてギリシャ人の俳優をローマまで連れていって演じさせたばかりか、ギリシャ人の劇作家まで連れていって、新しい劇を書かせた。ローマの人たちはよく、ローマが剣でギリシャを征服したあと、ギリシャが劇場でローマを征服したと、冗談を言い合ったものだよ！

　劇場がローマ帝国で人気を集め、カルタゴのような場所にも広まっていくにつれて、舞台で演じたり劇を書いたりする人たちはギリシャ人とローマ人だけではなくなっていった。ローマ帝国でも指折りの劇作家のひとりに、カルタゴ出身の人物がいた。もとの名前は知られていないけれど、奴隷だった母親のもとに生まれたことがわかっている。この人物は子どものころ、テレンティウス・ルカヌスというローマの富豪に売られ、「テレンティウス・ルカヌスの奴隷」──あるいは短く、テレンティウス──と呼ばれるようになった。

　とても賢く、ラテン語をしっかりおぼえたテレンティウスを、主人のテレンティウス・ルカヌスは奴隷の身から解放している。そしてテレンティウスは10代のころから劇場に心をひかれていた。**そんなに演劇が好きだったのは、たとえ奴隷であっても、舞台の上では1時間だけ王さまになれるからだろう。**テレンティウスが演劇を書きはじ

めると、それらはローマやそのほかの都市で上演されるようになっていった。大成功をおさめたテレンティウスの劇の多くには、共通点がある。主人公は貧しい子ども、または奴隷にされた子どもだが、ほんとうは豊かな家庭や有力者の家に生まれていたという筋書きだ。たとえば、『アンドロス島の女』という劇では、貧しい少女グリュケリウムが、じつはアテネの豊かな貴族の娘だとわかる。グリュケリウムは子どものころに父親と離ればなれになり、おとなになってはじめて、自分のほんとうの家柄を知ったのだった。カルタゴ人の奴隷だったテレンティウスが、貧しい子どもがやがて自分は権力をもつ裕福な家に生まれたことを知るという物語を好んだのは、ごく当然だったと言えるだろう。

　それに、ほかのたくさんの人たちがそのような物語を聞くのが大好きだったというのも、驚くにはあたらない。テレンティウスが書いた劇は何百年ものあいだ繰り返し舞台で上演され、学校でラテン語を学ぶ子どもたちは、テレンティウスの劇を読んで勉強することが多かった。彼のラテン語は、非の打ちどころがなかったからだ。今でも、自分の人生がテレンティウスの書いた劇のように大きく変わり、とつぜん億万長者や王さまの行方不明になっていた子どもだということがわかる日を夢見ている人はたくさんいる。だから劇場では今もなお、この古代のカルタゴ人の奴隷が書いた劇が上演され、人々はその劇のなりゆきに見とれているわけだ。

第3章　悪者たちの子孫

みんなローマ人

　ローマで大成功をおさめたカルタゴ人は、テレンティウスだけではなかった。ローマ人がカルタゴをめちゃくちゃにしてから約 350 年後のこと、**セプティミウス・セウェルスという名のカルタゴ人が、ハンニバルもバトバルもサポニバルも聞けばあっけにとられるにちがいない偉業をなしとげている――ローマ人まで驚くほどのことだった**。いったい何があったのか、想像上のローマ人の女の子ふたりの会話を聞いてみよう。

　「ねえねえ、ニュースを聞いた ?」カッシアという名のローマ人の女の子がたずねた。

　「知らないよ。いったい何があったの ?」と、カッシアの友だちのヘロディアスが返事をする。

　「カルタゴ人がローマの皇帝になったんだよ !」

　「なんですって !　そんなことってある ?」ヘロディアスは思わず大きな声を上げた。

　「えーっとね」と、カッシアが説明をはじめる。「前の皇帝が暗殺されたときに、将軍たちはだれがつぎの皇帝になるかをめぐって、戦いをはじめていたんだよ。それでセプティミウス・セウェルスが戦いに勝ち、皇帝の座についたって、さっき聞いたところなんだ」

　「そのセプティミウスっていう人は、どこの出身 ?」

　「お母さんはローマ人の一族の出身だって」

　「なーんだ、それならその将軍はやっぱりローマ人ね !　でもさっき、カルタゴ人だって言わなかった ?」

　「ちゃんと最後まで聞いてよ。お母さんはローマ人だけど、お父さんの一族がカルタゴ人なんだから。セプティミウスは、家ではフェニキア語を話していて、ラテン語は学校で習っただけだって聞いたよ !　それからローマ軍に加わって、将軍にまで昇進したって」

　「嘘でしょ !　そしたら、そのカルタゴ人は、スキピオやカエサルみたいにローマの将軍になって、こんどは皇帝に……ああ、偉大なるユピテルとマルスの神さま、世のなかがこんなに変わってしまったなんて !」

　それはほんとうに驚くべき方向転換だった。まるで、チェスのゲームで黒い駒の軍

隊が白い駒の軍隊を打ち負かして、白のキングを追い詰めたのに、それから白い駒の歩兵にすぎないポーンがいつのまにかてっぺんに躍りでて、新しく黒のキングになってしまったようなものだった。

　それから何年かたち、カッシアとヘロディアスがまた出会ったとき、こんどはヘロディアスのほうがカッシアを驚かす番だった。
「ねえねえ、ニュースを聞いた？」ヘロディアスがたずねた。
「知らないよ。いったい何があったの？」と、カッシアが返事をする。
「セプティミウス・セウェルスが死んだあと、息子のカラカラが皇帝になって……」
「そんなことはもう、みーんな知ってる！」カッシアはヘロディアスの言葉をさえぎって言った。「そんなのは、1年も前のことだし。ちっともニュースなんかじゃないでしょ」
「そうね」と、ヘロディアスも同意する。「でも最後まで聞いてよ！　カラカラが今やったばかりのこと、きっと知らないと思うから！　皇帝はこの帝国で暮らしている人みんなに市民権を与えたんだ。まあ、もちろん奴隷はのぞいてね。つまり、ローマ帝国の自由民はみんな、もうローマ人だっていうこと！」
　カッシアはひどく驚いて言った。「つまり、ギリシャ人も今ではローマ人、ユダヤ人もローマ人、なの？」
「そのとおり。それにカルタゴ人も今ではローマ人だよ」
「そんなの、ややこしすぎる……ああ、偉大なるユピテルとマルスの神さま、世のなかがこんなに変わってしまったなんて！」

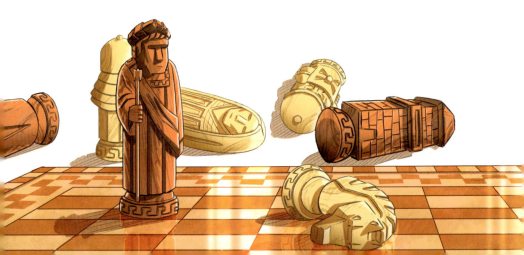

第3章　悪者たちの子孫

皇帝になった少年

　ローマ帝国で暮らしていたたくさんの人たちは、ローマ皇帝カラカラがその全員をローマ市民にしたことをとても喜んだ。でもひとりだけ、カラカラを好きになれない人物がいた。それはカラカラを護衛する近衛隊の隊長で、マクリヌスという人物だった。**一部の古代史家によれば、マクリヌスは自分自身が皇帝になりたいと思っていた。**きっとこんなふうに考えたんだ。「なぜ私は金貨をたった数枚もらうだけで、カラカラの命を守らなければいけないんだ？　あいつを殺せば、自分が皇帝になって、この帝国の金貨をすべて自分のものにできるじゃないか」

　そこである日、マクリヌスはカラカラを殺す決心をした。カラカラが旅のとちゅうでトイレに行きたくなったときのことだった。皇帝が人から見えない茂みのかげに行って下着をおろしたのを見計らい、だれかに命じて刺し殺したんだよ。その後、マクリヌスは自分が皇帝になり、帝国の金貨をすべて自分のものにした。でもそれと同時に、山ほどの心配ごとも自分にふりかかってきた。こんどは自分を殺して皇帝になりたいと思っている人が、いっぱいいることを知っていたからね。だから、将軍や近衛兵のだれかが自分を殺すのではないかと——たぶんトイレに行きたくなったらねらわれるのではないかと——いつもおびえながらすごさなければならず、護衛をもっと増やせば自分を守れるのか、それとも危険がさらに増えるのかさえわからなくなった。「自分には好きなだけ護衛を雇えるだけのお金はある」と、マクリヌスは考えた。「でも、雇ったすべての護衛から自分を守ってくれるのは、いったいだれなんだ？!」

人類の物語　Unstoppable Us

ところがついに皇帝の座を失ったとき、つぎの皇帝になったのは将軍でも近衛兵でもなく、わずか14歳のウァリヌスという少年だったのだから、マクリヌスもひどく驚いたにちがいない。 この少年はフェニキアの小さな町エメサで暮らしていて、そこはカルタゴにはじめて移住した人々の故郷だった。そしてマクリヌスだけでなく、この知らせを聞いた人はきっとみんな、びっくりしたことだろう。

「ねえねえ、ニュースを聞いた？」カッシアが大きな声でたずねた。

「えっ、こんどは何？」と、ヘロディアスがため息をつく。

「新しい皇帝は、フェニキアからきた14歳の男の子だって！」

「えっ？　また新しい皇帝？　そんなことってある？　私はマクリヌスが皇帝だと思っていたよ。だってカラカラを殺したのは、まだ1年くらい前のことだもの。それなのにこんどは14歳の男の子に皇帝の座を奪われたって？　冗談言わないでよ！」

「その子はウァリヌスという名でね」と、カッシアは説明した。「自分はカラカラの子だから、マクリヌスじゃなくて自分が皇帝になるのが当然だって言ったんだって。聞いた話だと、そんなことを言いはじめたのはウァリヌス本人ではなく、おばあさんにあたるユリア・マエサらしいけれどね。たぶん自分の孫を、どうしても皇帝にしたかったんじゃないかな」

「それって、ほんとうの話？　ウァリヌスは、ほんとうにカラカラの息子なの？」

「そんなのわかるはずがないよ。でもほとんどの人たちが、ウァリヌスはカラカラのほんとうの息子だって信じているみたい」

「ほんとうかもしれないね」と、ヘロディアスは考えごとをしながら言いはじめた。「先週、テレンティウスが書いた演劇を劇場で見たんだけど、貧しい少年の父親がえらい人だっていうことが、とつぜんわかる物語だった。舞台で起きることが、じっさいの暮らしで起きないとは言えないもの」

「とにかく」と、カッシアはつづける。「マクリヌスはそのことを耳にして、ユリア・マエサとウァリヌスを殺すために兵を送ったんだよ。でもおおぜいの兵士たちが、その男の子の物語を信じはじめたらしい」

「兵士たちはたぶん、劇場に行くのが好きで、行方のわからなかった両親を見つける子どもの物語が大好きだったんだね」

「たぶんね。とにかくそれで大きな戦いが起きた。そうしたら、ウァリヌス側の兵士たちがマクリヌス側の兵士に勝って、マクリヌスを殺してしまった。それでウァリヌス

第3章 悪者たちの子孫

を新しい皇帝にしたんだって」
「さっき、そのウァリウスっていう男の子はフェニキア人だって言った?」
「フェニキアあたりのどこかからきたって聞いた。でもなかには、半分はアラブ人の系統だっていう人もいる。でも、それって大事なことかな? アラブ人もローマ人だもの」
「ああ、偉大なるユピテルとマルスの神さま、世のなかがこんなに変わってしまったなんて!」

皇帝の新しい結婚式

　こうして、もうみんながローマ人になっただけでなく、ほとんどみんながローマの皇帝になれた。たとえフェニキアからやってきた、半分はアラブ人の系統をもつ14歳の少年でも。**だがウァリウスはまもなく、皇帝になったからといって、いつもよいことばかりではないと気づいてしまった。**おばあさんのユリア・マエサはいつでも口やかましく、政治家たちの長くて退屈な演説をじっとすわって聞くように、司令官たちからの手紙をきちんと読むように、市民から集める税金と兵士や護衛に支払う給料の金額をこまかく計算するようにと、注意ばかりする。おばあさんはそれが皇帝の仕事だと思っていたけれど、少年の考えはちょっとちがった。「ちっとも楽しくないのなら、世界一強大な力をもつ人間になって、何の意味がある?」ウァリウスはそう思っていたんだ。

「ねえねえ、ニュースを聞いた？」こんどはヘロディアスがカッシアに声をかけた。

「うん、聞いた」と、カッシアはほほえむ。「ウァリウス皇帝は、元老院に行って政治家たちの長い演説を聞くのを、やめたんだってね。そのかわりに戦車競走を見に行ってるって！　それに、考えつくかぎり最高にぜいたくなパーティーを開いているみたい！」

「ええと……私は、皇帝が結婚したって聞いたんだけど」

「えっ、また？　皇帝はほんとうに結婚式が好きなんだね。これで何回目？」

「そうね」と言いながら、ヘロディアスは指を折って数えている。「まず、ユリア・コルネリア・パウラと結婚した。それから離婚して、つぎにユリア・アクウィリア・セウェラと結婚した。でもまた離婚して、アンニア・アウレリア・ファウスティナと結婚した。そしてまたまたアンニアと離婚すると、もう一度ユリア・アクウィリアと結婚したんだった」

「そうすると、妻が4人、いや、3人かな？」

「それから、夫たちも忘れないで！」と、ヘロディアスがつけ加えた。

「あっ、そうだった！」カッシアは答える。「街の人たちは1か月も、その話でもちきりだったもの。ウァリウス皇帝が戦車競走を観戦していたとき、戦車の衝突が起きて、ヒエロクレスという御者が皇帝の席の真正面で戦車から落ちちゃったんだってね。その御者のヘルメットがはずれたとき、皇帝は御者の金髪の美しさに心を奪われて、その場で恋に落ちた。そしてまもなく結婚した」

「でも、それから皇帝はヒエロクレスとわかれて、エフェソスに近い町からやってきたギリシャ人のスポーツ選手ゾティクスと結婚したんだよね」

「そうじゃないよ」と、カッシアは言った。「皇帝はまだヒエロクレスとも結婚してるし、もちろんユリア・アクウィリアともね。**そのうえ、何人も結婚相手がいるこの皇帝は、まだ18歳なんだから！**　じつは、もう皇帝って呼ばれたくないと思っているみたい。自分のことは女帝って呼んでほしいって」

「なんですって？」ヘロディアスは信じられないといった様子で聞き返す。

「最近、だれかがあいさつをしたときに、『皇帝陛下！』って言ったら、ウァリウスは怒ったように、『私を皇帝と呼ぶのはよせ。私は女帝である』って言ったんだって」

「ああ、偉大なるユピテルとマルスの神さま、世のなかがこんなに変わってしまったなんて！」と言って、ヘロディアスは話をしめくくった。

こうしてウァリウスは、毎日を戦車競走とパーティーと結婚式で忙しくすごすばかりになり、おばあさんの言いつけには従わず、退屈な演説を聞くことも退屈な手紙を読むこともなくなってしまったんだ。そんな皇帝におばあさんのユリア・マエサはひどく腹を立て、この孫を皇帝に選んだのは自分のまちがいだったと考えるようになった。そこで護衛にお金をたくさんわたしてウァリウスを追放し、もうひとりの孫のアレクサンデルもカラカラの子だと人々に伝えたんだよ。その結果、アレクサンデルが新しい皇帝になった。アレクサンデルも当時はまだ 13 歳だったけれど、ウァリウスとはちがって、いつもおばあさんの言うことにそのまま従っていた。ユリア・マエサに逆らえる者はいないと、たとえローマ皇帝であっても逆らうことはできないと、アレクサンデルは知っていたからだ。

新しい神

　ユリア・マエサとその孫たちが、帝国を支配するためにエメサの地からローマにやってきたとき、エラガバルという神もいっしょに連れてきていた。エラガバルはエメサの主神で、エメサの人々は太陽神だと考えていた。町の中心部にはエラガバルのための大きな神殿があり、そのなかには空から降ってきたといわれた黒い石が置かれていたからね。その石はおそらく隕石で、じっさいに空から降ってきたものだった。まだ年若い少年だった皇帝ウァリウスはこの黒い石をローマまで運び、ローマの地に太陽神エラガバルを祭った新しい神殿をたてると、この神にまつわるたくさんの物語をローマ人に伝えた。表面に神聖な黒い石を描いた新しい金貨まで造らせている。ほとんどのローマ人にとってエラガバルははじめて聞く名前だったものの、この帝国では新しい神がやってくるのはごくふつうのことだった。たくさんの人々が帝国のあちこちを広く移動して、そのときに自分たちが信じる神を、新しい場所に伝えることが多かったからだ。

スキピオの時代、ローマ人はユピテル、マルス、ウェヌスの神々を信じていた。ギリシャ人はアルテミス、ゼウス、アテナを信じ、カルタゴ人はバアル、タニト、そのほか医術の神エシュムンなどたくさんの神々を信じていた。ローマ帝国で暮らすそのほかの民族も、またそれぞれの神々を信じていた。ところが、さまざまな人々がひとつの帝国のもとで一体となり、互いに言葉をかわし、同じ演劇を見に行き、ときには結婚までするようになると、やがて**それぞれの神を混ぜ合わせるようになっていったん**だ。

別の民族がとりわけ興味深い神を崇拝していると耳にした人が、その神の神殿を訪ねてみることもあった。有名なアルテミスの神殿をめざして、たくさんの人々がエフェソスにむかった。ローマ人が病気になると、カルタゴの医術の神エシュムンの神殿に行き、エシュムンに治癒を祈ったかもしれない。カルタゴ人の少女がローマ人の少年を好きになれば、ローマの愛の女神ウェヌスの神殿に行って、少年も自分を好きになってくれるように祈っただろう。ウェヌスにそんな力はなかったかもしれないし、ウェヌスなんていなかったかもしれないけれど、人は恋に落ちればほとんどどんなことでもやってみるものだ。役には立たないかもしれないが、害もない。

フェニキアの神エラガバルがローマに伝わっていったように、ほかにも神々をめぐるたくさんの物語が帝国じゅうに広まっていった。エラガバルがローマにやってくる前にも、この帝国で暮らす人たちの耳には、フェニキアのちょうど南にある地方からとりわけ興味深くて重要な物語が届きはじめていた。この物語を最初に語ったのはユダヤ人だった。以前にも、船乗りのヨナのようなユダヤ人たちは、天高くにいて全世界をおさめている偉大な神を信じていた。その神はヤハウェ、ヤー、エロヒム、アドナイと、たくさんの名前で呼ばれていて、ときにはただ「神」や「父」とも呼ばれていた。のちには、また別の人々がこの神にもっと多くの名前をつけている。あまりたくさんの名前があると混乱してしまうから、わかりやすくするために、ここでは船乗りのヨナに従って「天の父」と呼ぶことにしよう。

ユダヤ人は、天の父がこの世界のすべてを創り、そこに住まわせるすべての人々を創ったのだと言った。また、その神は偉大なる力をもち、望むことはなんでも、太陽を消すことや海を割ることさえ、できると言った。けれどもこうした物語には、すべてが正しいようには聞こえないところもあったんだ。もしもユダヤの神がそれほど強い力をもっているのなら、なぜローマ人がユダヤ人を征服して、その多くを奴隷に

第3章 悪者たちの子孫

することを許したのかな。これについて、ユダヤ人は長い長い時間をかけて考えたけれど、それでも答えを見つけることはできなかった。

その後、ユダヤ人のなかに新しい物語を語りはじめた人々がいて、天の父はすべてを説明するためにイエスと呼ばれる男を地上に送ったと話すようになった。イエスはナザレという小さい村で育ち、土地の人たちからは貧しい大工の息子として知られていた。けれども弟子たちは、イエスこそが天の父のほんとうの息子だと確信した——貧しい子どもがやがて有力者の家の生まれだとわかるテレンティウスが書いた演劇に、ちょっと似ているね。弟子たちはまた、イエスはすばらしい奇跡を起こして天の父の息子であることを証明したとも言った。たとえば、目の見えない人の目を見えるようにし、耳の聞こえない人の耳を聞こえるようにし、死んだ人を生き返らせることまであったと、みんなに伝えたんだ。

イエスは人々に、この世のなかで起きることは重要ではないということも伝えた。みんなが大好きな演劇と同じようなものだ。劇のなかでは自分がさまざまにちがうものになれるけれど、劇が終わってしまえば、そのなかで自分が何だったかなんてまったく関係なくなる。**舞台の上で皇帝になれば、そこではみんなが命令に従ってくれる。**でも劇が終わってから、自分の汚れた服を洗うようほかの俳優たちに命令しようとすれば、笑いながらこう言われるだろうね。「もう芝居は終わったんだぞ。おれたちはおまえのほんとうの奴隷じゃないんだからな。おまえの服を洗えだって？　自分でやれよ！」

人生とは、私たちが死ぬときに終わる劇のようなものだとイエスは言った。そして私たちが死ねば、生きているあいだに皇帝だったか奴隷だったかは関係なくなる。だから天の父はローマ人に、ユダヤ人とカルタゴ人とギリシャ人を破って奴隷にすることをお許しになった。すべて、ただの演劇なのだから。

どっちみち、人が地球上で生きていられるのは数十年にすぎない。たとえローマの皇帝であっても、やがては死んで、体はウジ虫の餌になってしまう。

でも、と、イエスは言った。もし天の父を信じるならば、死んだときに天の父が天国と呼ばれるすばらしい場所に連れていってくださる。そして天国では、たとえ地上では奴隷にすぎなかった者も、永遠の喜びを手にすることができる。もしイエスの言葉を信じないなら、死んだあとに地獄と呼ばれるおそろしい場所に送られる。地獄では、たとえ地上ではローマ皇帝の地位にあった者でも、何百万年ものあいだ悪魔の

　炎で焼かれつづけるのだ。天国と地獄は劇場ではなく、永遠につづく──けっして終わることはない。それがイエスの説明だった。

　なかにはイエスの言葉を信じないユダヤ人もいて、「おまえは天の父の息子なんかじゃない！　ナザレからやってきた、ただの貧しい大工の息子じゃないか！」と言った。でもほかのユダヤ人たちはイエスを信じ、「キリスト」と呼ぶようになった。キリストというのはギリシャ語で、「油を塗られた者」という意味だ。でもなぜ、ここに油が関係あるのかな？　じつは古代のユダヤ人は、天の父が自分の代理としてだれかを地上に送るときには「塗油」と呼ばれる儀式をして、とりわけ特別な天の油を、その人物に塗るものだと信じていたんだよ。だから、イエスがほんとうに天の父からつかわされたと考えた人たちは、その天の油が塗られていると主張して、「油を塗られた者」を意味する「キリスト」と呼んだわけだね。そして自分たちのことを「キリスト教徒」──キリストにつき従う者──と呼んだんだ。

　キリスト教徒は、イエス・キリスト、天の父、そして天国と地獄の物語を、ユダヤ人以外のたくさんの人たちにも話して聞かせた。エフェソスの人にも、テーベの人にも、カルタゴの人にも、そしてローマの人たちにも、こんなふうに話した。「きみが奴隷か皇帝かなんて、まったく関係ない。イエス・キリストを信じるだけでいい。そうすれば、死んだときに天の父が天国に連れていってくださる！」

　そう話すキリスト教徒は、この物語がほんとうかどうかを証明することはできなかった。**死んだあとに戻ってきて、自分が天国で暮らしているか地獄で暮らしているか、あるいはどこか別の場所で暮らしているかを話してくれる人なんて、だれもいなかったからね。**人が死んだあとにどうなるか、はっきり知っている人はだれもいなかった。人生は演劇のようなものかもしれないけれど、幕がおりたときに何が起きるか、知る者はだれもいない。

　それでも人が物語を信じるのは、たいていの場合、それがほんとうだというはっき

りした証拠があるからではなく、信じたいという強い願いがあるからだ。貧しく困難な暮らしをしていた人々は、自分が死んだらそんなすばらしい天国に行けると、心から信じたかった。自分の父親がほんとうは大富豪や皇帝だとわかるより、そのほうがよいとさえ思えたんだ。

増えすぎた、イエスをめぐる物語

　ただ、問題もあった。ローマ帝国でキリスト教徒がますます増えていくにつれて、イエスにまつわる異なる物語、イエスが言ったという異なる言葉を、それらの人々がつぎつぎに主張しはじめたんだ。何かで相手を説得したいと思うと、いつも「イエスがそう言った！」とつけ加えるようになったから、どれがイエスのほんとうの言葉なのか、見わけるのがどんどん難しくなってしまった。

　そこでキリスト教の指導者たちが、まずカルタゴに近いヒッポの町で、つぎにカルタゴの街で、その問題について話し合う会議を開いた。当時、カルタゴは初期キリスト教にとって指折りの重要な拠点だったんだ。おそらく、「この世でだれが戦争に勝つかは重要ではなく、重要なのは死んだあとにどうなるかだ」という考え方を、カルタゴ人が好んでいたせいだろう。

　カルタゴで会議が開かれていたあいだ、キリスト教の指導者たちは天の父とイエスについて人々が語っていた物語をくまなく調べたうえ、ほんとうだと思われた物語を選んで集めた1冊の本を作り上げた。そしてこの本を「聖書」と名づけ、別のどんな物語をつけ加えることも、選ばれたどの物語を取り除くことも、かたく禁じると定めたんだ。今でも世界じゅうで何十億人という人々が、大昔にカルタゴで開かれたこの会議で選ばれた物語だけが含まれたものと同じ聖書をもっている。もしも、会議に出席していた人たちがまちがえて、ほんとうではない物語を聖書に加えていたとしたら、今もまだみんなが、天の父とイエスについての誤った物語を読んでいることになるね。

　こうしてキリスト教はユダヤ人のあいだではじまり、やがてエ

フェソスやカルタゴで暮らす人々をはじめとした別の民族にも伝わっていくと、カルタゴ人の力でローマ皇帝さえキリスト教徒になるよう説得できるようになった。じっさいのところ、**いったいだれがだれを征服したんだろう？** まずローマ人が、ギリシャ人とユダヤ人とカルタゴ人を征服した。でもその後、ギリシャ人が劇場でローマを征服し、ユダヤ人とカルタゴ人が宗教でローマを征服した。もう一度チェスに話を戻すなら、黒い駒の軍隊が白い駒の軍隊を打ち負かして、白のキングを追い詰めたのに、それからいつのまにか黒の軍隊と黒のキングまで白に変わってしまった、あるいはボード上のすべての駒が——黒も白もみんな——灰色に変わってしまったようなものかもしれない。

ヴァンダル人と幽霊たち

　それからまた時がたち、やがてローマ帝国は滅亡した。将軍スキピオがカルタゴを焼きつくしてから、ちょうど 600 年後、カルタゴを出港した軍隊がローマの街を征服したんだ。ただしそれはカルタゴ人の軍隊ではなく、ヴァンダル人の軍隊だった。ヴァンダル人は、はるか北方から新たにやってきた民族で、ローマ帝国を侵略し、ローマ軍を破ってカルタゴを占領したのち、こんどはカルタゴを基地としてローマを攻撃したんだよ。ヴァンダル人がローマを征服したとき、あまりにも多くの人々を殺し、あまりにも多くの家々を焼きつくし、目をそむけたくなるような大混乱を引き起こしたから、のちに「ヴァンダル」（vandal）という語は「破壊者」の意味に、「ヴァンダライズ」（vandalize）という語は「破壊する」「めちゃくちゃにする」という意味に、使われるようになったほどだ。学校でだれかが床にゴミをばらまいたり、本を破いたり、壁に落書きをしたりすると、先生は「めちゃくちゃにするのはやめなさい」という意味で "Stop vandalizing the place!" と叫ぶことがあるだろう。

　カルタゴ人は、ヴァンダル人がローマをめちゃくちゃにしても、ちっともうれしくなかった。**そのころにはもう、カルタゴで暮らす人々は自分たちをローマ人だと思っていて、ヴァンダル人はカルタゴを解放しにきたのではなく、新たに征服するためにやってきたと考えていたからだ。**ヴァンダル人がローマを征服したと聞いたばかりの、カルタゴで暮らすアウグスティヌスという名前の男の子の様子を想像してみよう。き

第3章　悪者たちの子孫

っと、とても悲しかったはずだ。するととつぜん、その子はとっても奇妙な光景を目にした。幽霊がうれしそうに、大声で笑ったり飛びはねたりしていたんだ。

「きみはだあれ？」アウグスティヌスはびっくりしてたずねた。「幽霊を見るなんて、はじめてだ。しかも、うれしくて笑ったり飛びはねたりしている浮かれた幽霊なんて、一度も見たことない」

「私はきみの祖先、ハンニバルの幽霊さ。カルタゴの兵士としてスキピオと戦ったんだ。仕返しをするまでに600年も待たされたけれど、ようやくよいニュースを聞けた。ローマが滅びた！　やったぞ！　うれしい日だ！」

「ぼくもそのニュースを聞いたよ」と、アウグスティヌスは言った。「でもぼくはそれを聞いて、すごく悲しかった」

「おやおや、どうしてそんなに悲しいのかな？　お祝いするときだよ！　ローマ人が負けたのに、なぜうれしくないんだ？」

「ぼくだってローマ人だ。ローマ人が負けてうれしいはずがないよ」

「偉大なるバアルとタニトの神よ！」と、ハンニバルの幽霊は叫んだ。「きみはローマ人なんかじゃない。きみはカルタゴ人だ！　ローマ人は敵だぞ！」

「うん、ぼくはカルタゴ人だよ。でも、カルタゴ人はローマ人なんだ。ぼくの名前、わかる？　アウグスティヌスだよ。最も偉大なローマ皇帝アウグストゥスから名前をもらったんだから」

「偉大なるバアルとタニトの神よ！」幽霊は叫び声を上げた。「善良なカルタゴ人の少年に、アウグスティヌスなんて名前をつけてはだめだ！　名前をハンニバルに変えてはどうかね？」

「ありがとう、でも、ぼくはアウグスティヌスという名前が好きなんだ。ラテン語のクラスの友だちはみんな、ぼくの名前を短くしてアウギって呼ぶよ」

「ラテン語のクラスだって?!　きみは敵の言語なんか習っているのか?!」

「ラテン語はぼくの生まれた国の言語だもの。家でもラテン語を話す。でもラテン語

人類の物語　Unstoppable Us

のクラスで、きちんとしたラテン語の読み書きを習ってるんだ。先週のラテン語のテストで、ぼくはいちばんだったんだよ。大きくなったら劇場の劇作家になりたい。あこがれのテレンティウスみたいな」

「偉大なるバアルとタニトの神よ！　ほんもののカルタゴ人なら、劇場なんかきらいなはずだ」

「ねえ、さっきから言ってるバアルとタニトって、だれなの？」と、アウグスティヌスがたずねた。

「なんだって？　きみはバアルとタニトを知らないっていうのか？　きみの祖先の神々を忘れてしまったのか？　それなら、どんな神を信じているのかね？」

「善良なすべてのローマ人と同じで、ぼくが信じる神はただひとり、天の父、そしてその子イエス・キリストだよ」

「なんておそろしいことだ！」幽霊は叫んだ。「私はきみの祖先として、きみが名前をハンニバルに変え、フェニキア語を話し、バアルとタニトを崇拝し、劇場なんてくだらないものをすっかり忘れることを、強く求めるぞ！」

「でも、ぼくはフェニキア語をほとんど話せないし、教会に行ってイエスに祈るのが好きだし、劇場も大好きなんだ。それに、名前を変えるなんてぜったいにいやだよ。どうしてぼくがそんなことをしなくちゃいけないの？」

「どうしてかだって？　それはきみが私の子孫だからで、きみは私の子孫として、私と同じ言語を話し、私と同じ神々を崇拝し、私と同じ芸術を楽しまなければいけないんだ！　私の子孫が自分のことをローマ人だと思っているなんて、想像もつかなかった！」

　そのとき、また別の、もっと年老いた幽霊が姿をあらわした。

「その子をやりこめたりしてはいかん、ハンニバル！」と、年老いた幽霊は言った。

「おまえはだれだ？」と、ハンニバルは幽霊らしい声でたずねた。

「私はヌミディアの王、イアルバス。そして私はおまえの祖先で、私が生きていた時代は、おまえの時代の600年前だ。おまえにはまったくがっかりしたぞ。ハンニバル」

「なぜ？」と、ハンニバルの幽霊はまたたずねた。

「おまえは私の子孫だが、私の宿敵であるカルタゴ人の名前、言語、信仰を身につけているではないか。わかっているだろうが、おまえが生まれる600年前、わが民

第3章　悪者たちの子孫

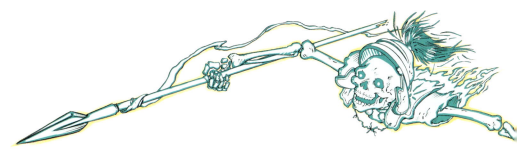

族は平和で豊かな暮らしを送っておった。だがある日とつぜん、フェニキア人の侵略者たちが海を越えてやってきた。フェニキア人はわれわれの土地を奪い、ここにカルタゴの街を作り、自分たちのためにわれわれを働かせた。われわれはフェニキア人を憎んでいたが、抵抗することはできなかったんだ。フェニキア人があまりにも強すぎたからだ。そのうえ、まさか私の子孫が自分をカルタゴ人だと思っているなんて、想像もしていなかった。この少年がローマ人の名を名乗り、ラテン語を話すのはざんねんなことだが、少なくともカルタゴ人の名を名乗ってフェニキア語を話すおまえより、まだましだ！」

　きみはどう思う？　アウグスティヌスはどっちの祖先の話に耳を傾ければいいんだろう──ハンニバルか、イアルバスか。

　じっさいは、これよりもっと複雑だよ。**みんなには、必ずふたり以上の祖先がいる。**お父さんとお母さんでふたりだね？　でもそのそれぞれに、またふたりの親がいる。きみには、おじいちゃんとおばあちゃんがあわせて4人いるということだ。そのおじいちゃんとおばあちゃんにも、それぞれ親がふたりいるから、ひいおじいちゃんとひいおばあちゃんはあわせて8人になる。そのそれぞれにも、またふたりの親がいるから、100年ほどさかのぼれば16人の祖先が見つかるはずだ。200年前なら256人、300年前なら4096人の祖先がいた。600年前なら……こうして大昔までさかのぼっていくと、きみには何百万人もの祖先がいることがわかる。

　だから、もしこのアウグスティヌスという男の子が、自分より何百年も前に生きた祖先に会えたとすれば、ひとりやふたりではすまない。何百万もの幽霊がおしよせてきただろう。そしてこうした何百万人もの祖先は、あちこちのちがう場所からやってきた。

　「われわれはカルタゴの生まれだ！」と、ひとつのグループの幽霊は叫んだ。「だか

人類の物語　Unstoppable Us

ら少年、きみはフェニキア語を話すべきだ！」
「われわれはヌミディア人だ！」と、別のグループの幽霊は大声を出した。「われわれはフェニキア人のことなんか大きらいだ。その少年はわれわれの言語を話さなくてはいけない」
「われわれはローマ人だ」と、また別のグループの幽霊が言う。「その少年は正しいと思うぞ。ラテン語を話すのが正解だ」
「私はギリシャ人の商人だった」と、ヘラクリトスの幽霊が口をはさんだ。「だからおまえがギリシャ語を話せばいちばんうれしいが、まあ少なくとも、ギリシャ語で悪口くらい言えなくちゃだめだな」
「私はエルサレムから連れてこられた奴隷だった」と、また別の幽霊が大声を出した。「エルサレムで暮らしたかったのに、ローマ人の兵士につかまってカルタゴに連れてこられ、ここで売りとばされた。私はおまえのひいひいひいおばあちゃんだよ、アウグスティヌス。名前をヨナに変えて、ユダヤ人の男の子らしく、いくらかヘブライ語を

おぼえたらどうなの?」

　こうしてつぎからつぎへと幽霊が声を上げ、自分たちの言語をおぼえるよう言い聞かせようとしたので、アウグスティヌスはとうとう大きな声で叫んだ。「わかったよ、みんなはたしかにぜーんぶ、ぼくの祖先だ。ぼくはみんなを、おんなじくらいに好きだよ。でも、みんなの言語をぜんぶ話すなんて、そんなことできないよ。無理なんだ」

「じゃあ、どうすればいいと?」幽霊たちがたずねた。

「ぼくにはわからないな。きみたち幽霊みんなで話し合えばいいんだ。それで、ぼくがどの言語を話せばいいのか意見がまとまったら、ぼくに教えてよ。それまでは、今のままラテン語にしておく」

　幽霊たちは顔をしかめた。みんな、その考えが気に入ってはいないようだったけれど、それよりましな考えを思いつくこともできなかったんだね。

「そういえば」と、アウグスティヌスが言い足した。「テレンティウスが書いた演劇に、みんなに知っておいてほしいラテン語の一文がある。"Homo sum: humani nihil a me alienum puto" っていうんだよ。どんな意味かわかる?」

　ラテン語を知っている幽霊はニッコリしたが、ほかのほとんどの幽霊は、わけがわからないという顔をしていた。

　そこでアウグスティヌスが説明をはじめる。「それはね、『私は人間だ。人間にかかわることで私に関係のないものは何もないと思う』っていう意味なんだよ。ちがう国の人たちは、ちがう言語を話すことが多いよね。それにちがう神々のちがう物語を伝え、ちがう形の芸術を生みだし、ちがう食べものを食べて、ちがうゲームで遊ぶ。でも、どこにいてもみんな同じ人間で、すべての人間は、どこかにいる別の人間が作りだすものから恩恵を受けられる。たしかに、ラテン語を最初に生みだしたのはローマ人、劇場を考えだしたのはギリシャ人、イエスの物語を語ったのはユダヤ人だった。でも、ローマ人もギリシャ人もユダヤ人も、みんな人間だよ。そしてぼくも人間だから、ぼくはラテン語を話せて、劇場を楽しめて、イエスの英知から学べる」

人類の物語　Unstoppable Us

新しい帝国

　帝国が滅亡したからといって、その帝国が以前に征服した都市の人々は、ただ単純に自由を取り戻せるわけではない。たいていの場合、征服された人々はすでに大きく変わっていて、もう祖先たちと同じようではなくなっているからだ。それに、**ひとつの帝国が滅亡しても、たいていはまた別の帝国による支配がはじまる**。そんなわけで、ローマ帝国が滅亡したときにもカルタゴ人が独立することはできなかった。カルタゴはヴァンダル人によって征服されたからね。さらにしばらくすると、ヴァンダル人はギリシャ人に負け、カルタゴは新しく生まれたギリシャ帝国の一部になり、その帝国は──ややこしいことに──自らを「ローマ帝国」と呼んだんだ。なぜかというと、そのときのギリシャ人は自分たちのことをローマ人だと言ったからだ。やがてこのギリシャ・ローマ帝国はアラブ人に負け、アラブ人がカルタゴを征服すると、カルタ

第3章　悪者たちの子孫

ゴは新しいアラブ帝国に加えられた。

　カルタゴ人たちははじめ、アラブ帝国を好きになれなかった。カルタゴの人々がラテン語を話し、キリスト教を信じていたのに対して、アラブ帝国からやってきた支配者はアラビア語を話し、預言者ムハンマドが創始したイスラム教という新しい宗教を信じていたからだ。しかもアラブ人はカルタゴの街を破壊し、近くの小さな町だったチュニスに、まったく新しい都市を建設していった。

　ときがたつにつれ、アウグスティヌスの子孫やほかのカルタゴ人たちはチュニスで暮らすことに慣れていく。やがてその子孫たちは、自分たちをカルタゴ人ともローマ人とも思わず、フェニキア語もラテン語も話さず、バアルもイエスも信じなくなり、そのかわりにアラビア語を話し、ムハンマドとイスラム教を信じるようになった。そして自分たちはイスラム教徒のアラブ人だと考えるようになり、名前もムハンマド、アブドゥッラー、ファティマなどに変わっていった。

　それから何百年かたったころ、アブドゥッラーという名前のイスラム教徒の男の子が、荒れ果てたカルタゴのがれきの山を見ながら、ヤギの群れに草を食べさせていたかもしれない。バアルの神殿とキリスト教会の廃墟を通りすぎるとき、アブドゥッラーは不機嫌になった幽霊のアウグスティヌスに、ながながと文句を言われたのだろうか。幽霊はこの少年に、名前と言語と宗教を変えるようにと、強い口調で命令したのだろうか。それとも、幽霊はただやさしい笑顔を浮かべ、「私は人間だ。人間にかかわることで私に関係のないものは何もないと思う」とささやいただけだろうか。

歴史は複雑だ

　私たち人間は怠け者だ。何かをとてもいっしょうけんめい考えなくてはならなくなると、頭が痛くなってくる。だから、単純な物語を好きになりやすい。だれがよい人でだれが悪い人か、すぐにわかる物語を聞きたいと思ってしまう。ところが歴史は複雑だ。**たとえばカルタゴとローマの歴史では、だれがよい人でだれが悪い人だったのか、なかなかはっきりとは見わけがつかない。**有名なハンニバル将軍は、ローマ軍と戦ったからよい人だったのか、それともスペインなどでたくさんの都市を破壊したから悪い人だったのか。

もっとややこしいことに、だれがカルタゴ人でだれがローマ人だったかを区別するのさえ難しい。カルタゴ人がローマ人になった一方で、ローマ人がカルタゴ人になった。なかには、同時にカルタゴ人とローマ人の両方だった人たちもいる。そしてその人たちのひ孫のひ孫の……ひ孫たちは、もうカルタゴ人でもローマ人でもなく、チュニジア人になっていた。

そのことが、帝国の歴史から学ぶとても重要な教訓のひとつになる。単純な物語など、ふつうはおとぎ話の世界にしかない。現実の歴史は複雑だ。そして**私たちは、おとぎ話の登場人物ではなくて、だれもが現実の世界を生きる人間だから、みんな複雑なんだ**。自分の祖先は自分と同じような人たちの集まりだと思っているだろうけれど、テレンティウスが書いた演劇の世界と同じように、じっさいの祖先は自分が想像していたのとはだいぶちがっているはずだ。自分の国はひとつだけだと思っていても、じっさいにはほかのたくさんの国々の恩恵を受けている。そして時代をさかのぼっていけば、きっと自分の祖先のどこかに外国人が含まれているだろう。それに、何よりも、自分は歴史上のよい人だけの子孫だと思いたくなるよね。でも、だれでもみんな、祖先のどこかに少しは悪い人がいるものだ。そう考えると、なんだか胸がざわつくかもしれない。きみは自分の国の歴史や自分の家族の歴史にいた、悪い人のことを知っているだろうか。

たぶん最高の結論は、「私たちは祖先の遺産を大切にして暮らさなければいけない」というものだけれど、たとえ私たちが悪い人の子孫であっても、その人たちとはちがう行動をとることができる。**もし祖先が戦争をし、帝国を作り上げたとしても、私たちもそうしなければならないということではない**。私たちは過去を変えられないのだから、最初の帝国が作られる前の状態に戻ろうとしても無駄だ——それは不可能なんだ。でも、過去を繰り返す必要はない。祖先が何をしたとしても、私たちは祖先とはちがう。私たちは、変わることができる。

第4章

生きることの意味

第4章　生きることの意味

ひとつだけの、ほんとうの物語？

　本も映画もコンピューターゲームも、戦争と闘いと帝国にまつわる物語であふれかえっている。どれも、ドラマチックに注目を集めるできごとだからだ。そのせいで、なかには外国人どうしが出会ったら戦争しか起きないと思い込んでいる人たちもいる。ふたりの子が学校でけんかになったときみたいにね。ほかの子はみんな、何をやっているかを見に集まってきて、それから何日かはけんかの話でもちきりになる。

　でもじっさいには、ほとんどの子は、ほとんどけんかなんかしないよね。ほとんどいつも、とっても仲よくやっている。歴史も同じだ。外国人どうしが出会ったとき、ほとんどいつも、けんかなどしなかった。ときには結婚し、ときにはものを売り買いし、たいていはおしゃべりをし、物語を語った。悲しかったことやうれしかったことを話し、世界はどうやって創られたか、人間と動物はどこからやってきたか、みんなが守らなければならないルールは何かを教える物語を伝え合った。ローマの神々ユピテルとマルス、カルタゴの神々バアルとタニト、天の父とイエス・キリスト、イスラム教の預言者ムハンマドにまつわる物語を語った。

　そしてだれもが、自分の語る物語がほんとうだと信じていた。でも、矛盾するような、いくつものちがう物語があふれるほど語られるようになったら、どうすればいいんだろう？　たとえば、キリスト教徒は天の父が唯一のほんとうの神で、天と地のすべてを創造したと信じていたけれど、ギリシャ人はゼウスとアルテミスの神々を信じ、カルタゴ人はバアルとタニトを信じていた。その人たちがみんな正しいなんていうことがありうるのだろうか？

　きみも毎日の暮らしのなかで、そんな経験があるかもしれない。じっさいに起きた何かについて、まったくちがうふたつの物語を耳にして、どっちを信じてよいのかわからなかったことはないかな？　たとえば、学校です

107

人類の物語　Unstoppable Us

っと仲のよかったふたりの女の子が、急に口をきかなくなった場合はどうだろう。そのうちのひとりは、もうひとりが誕生日パーティーに自分を呼んでくれなかったからだとみんなに話している。誕生日だった女の子のほうは、もうひとりが意地悪をして、自分の悪口をまわりに言いふらしているからだと話している。そして3人目の女の子は──その子はふたりの両方と仲のよい子で──ほんとうはある男の子をめぐってけんかをしたのがはじまりだと話している。このうちのだれを信じればよいのか、判断するのはかんたんではないよね？

　神々、人類のはじまり、人は死んだあとどうなるか、などについて、みんなが語ってきたさまざまな物語でも同じことが言える。ひとつだけの、ほんとうの物語はどれなのか、知りたいと考えた人はたくさんいたんだ。それを心から知りたいと思ったひとりが、モンゴル帝国の第4代皇帝、モンケ・ハーンだ。モンケはとても好奇心が強く、またその時代で最も大きな力をもった人物でもあった。

カラコルムへの招待

　モンケ・ハーンは、猛烈な征服者だった皇帝チンギス・ハーンの孫として生まれた。アラブ人が自分たちの帝国を築き、チュニスを建設してから何百年かたったころ、チンギス・ハーンはそれよりも巨大な帝国を作り上げた。モンゴル帝国だ。チンギス・ハーンはそのために、もしかしたらそれまでに生きただれよりも、たくさんの人々の命を奪っていたかもしれない。そしてチンギス・ハーンが世を去ったあと、やがてモンケ・ハーンはその帝国の皇帝となる。モンケはさらに多くの戦争をしかけて帝国を拡大していったので、モンゴル帝国は太平洋から地中海まで、そして現在の韓国からウクライナまでつづく、広大なものになっていった。

　けれどもウルクのギルガメシュ王と同じように、**モンケ・ハーンも自分の力が永遠につづくことはないと知っていた**。いつかは自分も死んで、ウジ虫に食われる日がくることを知っていた。どんなに大きな権力を手にしても、死を打ち負かす方法はわからなかった。人はどこからやってきたのか、命とはいったい何なのか、どうしてもわからなかったんだ。それにまつわる物語なら、たくさん聞いたことがあった。モンケ・ハーンは膨大な数の人々が暮らす巨大な帝国を率いていたから、きっと世界じゅうの

第4章　生きることの意味

だれよりもたくさんの物語を耳にしていたのだろう。そこで、そうしたすべての物語のうち、どれがほんとうなのかをどうしても知りたくなった。

　そこでモンケ・ハーンは、こんなふうに考えた——世界じゅうから最も賢い人々が一堂に会して議論をかわす場をもうければ、最後には賢者たちがニセの物語を見わけ、どれがひとつだけのほんとうの物語かという疑問に決着をつけてくれるかもしれない。そうすれば、**たぶん世界じゅうのすべての人々が、そのひとつだけの、ほんとうの物語を受け入れるだろう**。そしてそうすれば、世界じゅうのすべての人々が、自分に従うことになるだろう。物語はただひとつ、皇帝はただひとり。

　そこで1254年に、モンケ・ハーンは自国の首都カラコルムで大規模な会議を開催し、アジア、ヨーロッパ、アフリカのあらゆる地から賢者を招待した。アメリカやオーストラリアからだれも招かなかったのはなぜなのか、不思議に思うかもしれないね……じつは、その時代にはまだ、世界全体がどうなっているかなんてだれも知らなかったんだ。だから、モンケ・ハーンはアメリカとオーストラリアのことを聞いたことがなかったし、アメリカとオーストラリアの人たちも、モンケ・ハーンと彼のモンゴル帝国のことを一度も聞いたことがなかった。

　カラコルムへの長く危険な旅に出発した賢者たちのひとりに、子どものころヤギの群れに草を食べさせていたチュニスのアブドゥッラーもいたことだろう。アブドゥッラーはその後、ウラマーと呼ばれるイスラム法学者として有名になった。そして娘のファティマといっしょに旅に出たというわけだ。ファティマは好奇心いっぱいの元気な女の子で、父親やほかのみんなと世界の不思議について話をするのが何よりも好きだった。

　ふたりがカラコルムに着くと、アブドゥッラーはヨーロッパ、ペルシャ、インド、中国からきたほかの賢者たちに会うために、まっすぐモンケ・ハーンの宮殿にむかった。そうしておとなたちがそれぞれにちがう物語をハーンに話しているあいだ、ファティマは宿屋で待つことになったけれど、そこにはあちこちの国からきた子どもたちもいた。その子どもたちも、自分のお父さんやお母さん、先生たちといっしょに、カラコルムの会議のためにやってきていたんだ。

　「こんにちは」。ファティマは宿屋で出会った4人の子どもに声をかけた。「私はファ

109

ティマ。チュニスからきたの。お父さんのアブドゥッラーといっしょに」

「やあ」と、男の子が答えた。「ぼくはパウロ。ぼくはローマからきたよ。キリスト教の司祭になる勉強をしてるところなんだ。今ごろは宮殿でぼくの先生が、天の父とイエス・キリストのすべてを、モンケ・ハーンに話しているところだよ」

「やあ、ぼくもキリスト教の司祭になる勉強をしてるよ」と、また別の男の子が言う。「名前はコンスタンティヌス。エフェソスからきた」

「私はエレアノール」。少しおびえたように言った女の子は、そのまま黙り込んでしまった。

「私はホランよ」と、もうひとりの女の子が自己紹介をする。「私はモンゴル人で、ここカラコルムで生まれたの。みんながここにきてくれて、うれしいな。私の家族はほとんどみんな、99のテングリの神、それに大地と水の精霊を信じているけれど、ほかの教えのこともちょっと聞いたことがあって、もっと知りたいのよね。私はカラコルムを離れたことがないから、ほかの国からきた人に会えば、いろいろなことがわかると思うんだ」

「そのとおり」と、ファティマは賛成した。「外国人と話すといつも、それまで知らなかった驚くようなことが、たくさんわかるよ」

「ぼくの先生は、旅をするのはよいことだって話してくれた。いちばん遠くの国までね」。そう言ったのはパウロだ。「だって、天の父について聞いたことがない人たちが、まだたくさんいるんだよ。だから先生は一生、旅をつづけるんだ。ぼくもそうしたいと思ってる。もしみんなが天の父のことを知って信じれば、みんなが同じルールを守ることで意見が一致して、みんな平和に暮らすことができるからね」

「おもしろいわね」と、ホランが言った。「それこそ、私たちの皇帝陛下も望んでいることよ。すべての人にとって物語はただひとつ、すべての人にとって陛下はただひとり……じゃあ、話して聞かせて。天の父について、どんなお話があるの?」

「ええと」。パウロは真剣な声で話しはじめた。「まずはじめに、天の父はこの世界と、そこにあるすべてのものを、お創りになったんだよ。大地と太陽と月、そして海と雨雲と火山も、天の父が創ったものだ」

「それから人間も、ゾウも、クモも!」と、コンスタンティヌスがつけ足す。「天の父は、自分が創ったすべてのもの、そしてすべての人たちを愛しているんだよ。だから世界じゅうの人たちはみんな、天の父の命令に従わなくちゃいけない。どこに住んで

第4章　生きることの意味

いても、何語を話していてもね。ほかのぜんぶの生きものと同じように、きみたちも天の父によって創られて、愛されている——だからきみたちは天の父のルールに従う必要がある」

「どんなルールを決めたの？」と、ホランがたずねた。

「だれも殺してはいけない」。パウロが答えた。「それから、何も盗んではいけない、嘘をついてはいけない」

「それに、貧しい人と病気の人を助けなくちゃいけないよ」と、コンスタンティヌスがつけ加える。

「とってもよいルールに聞こえる」と、ホランは賛成して言った。「私はもう、そのきまりに従って暮らそうとしているから、私もキリスト教徒にならなくちゃ！」

「あわてないで」。パウロとコンスタンティヌスが同時に声を上げた。「そのほかにもまだ、守らなくてはいけないルールがある」

「たとえば、きみがはいているスカートは短すぎる」。そう言ったのはコンスタンティヌスだ。「ひざが見えてるよ。天の父は、女の子が短いスカートをはくのを好きじゃないんだ」

　パウロやコンスタンティヌスのようなキリスト教徒は、天の父がたくさんのこまかいルールを人間に与えたと言っていた。着てよいもの、食べてよいもの、遊んでよいゲーム、祝うべき祝日についてのルールがあった。だれがだれに従うべきかについてのルールもあった。

「若い人は年長の人に従わなくてはいけない。女の人は男の人に従わなくてはいけない。すべての人がキリスト教の司祭に従わなくてはいけない」と、パウロが言った。

人類の物語　Unstoppable Us

「キリスト教の司祭はね」と、コンスタンティヌスが説明を加える。「天の父にとっても近いところにいて、いつも天の父と話をしているんだよ。だから、きみが司祭の言いつけに従わないと、天の父はひどく怒って罰をくだす。火山を噴火させるかもしれないし、おそろしい伝染病をはやらせて人々を病気にするかもしれない。だからもしキリスト教の司祭から、天の父のための大きな教会を建てるのに必要なお金を寄付するようにと言われたら……きみは寄付をしなくちゃいけないんだ。そしてもし、別の王国との戦いをやめるようにと司祭から言われたら、きちんと仲直りをしなくちゃいけない」

「それじゃあ」と、ホランが疑問を投げかける。「もし私が、だれも殺さないし、貧しい人も助けるけれど、ほかのルールには従わないとどうなるの？　たとえば、女の人は長いスカートをはかなければいけないとか、男の人に従わなければいけないとか」

「そんなことをすれば、天の父はものすごく怒って、きみを地獄っていうおそろしい場所に送り込む。天の父の規則はぜーんぶ、おなじくらい大切なんだから。自分の

好きなルールだけを守るんじゃだめだよ」。パウロはそう言った。

ホランは黙り込んで、まだひとことも話していないエレアノールの方を見た。

天の父を信じなかったら、どうなる？

　キリスト教の司祭はたくさんの国の人たちに、もう何世紀にもわたってこうした物語を語り、今もまだ語りつづけている。ヨーロッパのほとんどの国は——ギリシャからアイスランドまで、ウクライナからアイルランドまで——キリスト教国になった。ヨーロッパ以外でも、たとえばアフリカのエチオピア、中東のレバノンなど、多くの国の人たちがキリスト教徒になった。そして時代が進み、ヨーロッパの人々がアメリカやオーストラリアに進出するようになると、キリスト教の信仰はもっと広範囲に、たとえばブラジルやフィジーにまで、広まっていった。でもそうした人たちがみんな、キリストの物語を心から信じたからキリスト教徒になったわけじゃないんだ。もうひとつ、別の理由があった。

　「あなたたちキリスト教徒は、よく愛と平和について話しているよね」。ようやく会話に加わったエレアノールがたずねた。「でも、キリスト教徒はときどき、ものすごく乱暴になる。たとえばね、コンスタンティヌス。エフェソスの街には昔、世界で最も美しい神殿のひとつに数えられたアルテミス神殿があったけれど、キリスト教徒がそれをめちゃくちゃに壊してしまい、がれきの石を使って教会を建てたって聞いた」

　「それはもちろん、みんなに天の父だけを信じてもらいたいからさ。だからほかのあらゆる神々の神殿を壊して、そのかわりに教会を建てるんだよ」。コンスタンティヌスはそう答えた。

「それはよいことだ！」と、パウロが口をはさむ。「ぼくたちはローマでも、ほかの神々の神殿を壊したり、教会に変えたりしたよ。アルテミス、バアル、ゼウス、ユピテルといったほかの神々はみんな、ほんとうはいないからさ。ただの想像で、人間が作りだした物語なんだよ」

「ずいぶん意地悪ね！」と、ホランは言った。「天の父を信じるようにって、みんなを説得するのはいいと思うよ。でも、自分たちの神を無理に信じさせて、ほかの神殿をぜんぶ破壊しちゃうなんて。そんなのは……野蛮だよ！」

「ふん！」パウロは怒った表情を浮かべた。「ぼくに野蛮だなんて言わないでよ。それに、きみの皇帝は、これまでのたくさんの戦争で、何人の人たちの命を奪ったんだろうね？」

「そのとおりね」と、ホランはちょっとはずかしそうに言った。「私たちの皇帝がほかの国を攻めて、そこで暮らす人たちを征服するのが、よいことだとは思わない。それでもモンゴル人は、だれでもなんでも好きなものを信じられるようにしているよ。**モンゴル軍は、キエフっていう都市のまわりのキリスト教徒が暮らす地域を征服したあと、そこの人たちがキリスト教徒のままでいられるようにした。**私の家族は99のテングリの神、それから大地と水の精霊を信じているって、さっき言ったよね？　もしキリスト教の王さまが私たちを征服するとしたら、私たちをどうするのかな？」

「そうだね」。笑顔を見せながらパウロはこう言った。「きみの迷信なんか、ぜんぶ忘れるほうがいいと思わない？　99の神と何千もの精霊なんて、いったいだれが、そんなばかげたことを信じると思うの？　きみたちの聖職者がみんなをだますために考えだした、原始的な幽霊物語にすぎないよ！　きみたちの神と精霊は、じっさいには存在しないんだ」

「パウロは、自分たちの天の父っていうものが、そっちの聖職者たちが考えだした物語にすぎないって思ったことはないわけ？」と、ホランはするどく言い返した。

第4章　生きることの意味

異端審問所

　キリスト教がローマ、カルタゴ、エフェソスなどの都市に伝えられると、人々はつぎつぎにキリスト教徒に変わっていったものの、ホランのような疑問をもつ人もたくさんいた。ところがキリスト教徒の数がどんどん増え、強い力をもつようになるにつれて、とうとうそんな疑問を口に出すのが危険な状態にまでなってしまったんだ。キリスト教徒は、天の父はすべての人々を愛していると言いつづけていたのに、なかには天の父を信じない人たちを憎みはじめるキリスト教徒もいた。そしてキリスト教徒が支配する国々では、**ときにおしゃべりが……争いに変わることもあった。**

　天の父の物語は世界に平和をもたらすのではなく、たくさんの新しい戦争を生みだしていった。キリスト教徒は、「天の父は私たちに、だれも殺してはならないと命じた」と言いながら、天の父を信じるのをいやがったという理由だけで、ほかの人を殺しはじめたんだ。もしだれかが「私はあなたの物語を信じません」と言うと、キリスト教の聖職者がその人たちを捕らえて町の中央広場に連れていき、みんなの前で殺してしまった。そのためにまもなく、天の父を信じていなかった人たちは、自分たちの心に浮かんだ疑問を口にすることさえおそれるようになっていった。

　「あなたたちに言いたいことがある」と、エレアノールがパウロとコンスタンティヌスに言った。「でもその前に、私のことをたたいたりしないって約束してほしいんだ」

　「もちろん、きみのことをたたいたりなんてしないさ。どうしてそんなことを考えるのかなあ」と、ふたりは声を上げる。

　「だって、言葉には気をつけなくちゃいけないって教わってきたから。私はフランス南部のベジエという町で生まれたの。ある日、キリスト教の軍隊が私たちの町にやってきて、あっという間に町を占領すると、あなたたちの天の父の物語を信じていなかった人をひとり残らず殺してしまったんだ」

　パウロとコンスタンティヌスは黙ったまま、落ち着かない様子で下をむいた。

　「でも、それだけじゃなかった」と、エレアノールはつづける。「キリスト教の聖職者たちは、自分たちの天の父の物語を信じない人を、まだぜんぶ見つけてはいないはずだって思いはじめた。もしかしたら、命を奪われるのをおそれて、ほんとうは信じていない物語を信じていると言っただけの人がいるかもしれないって」

115

人類の物語　Unstoppable Us

「それで、その聖職者たちは何をしたの？」ファティマとホランが声を上げた。
「異端審問所っていうものを作りだした。異端審問所は、キリスト教を信じない人を聖職者が見つけて罰する所なんだ。人々が天の父の物語をほんとうに信じているかどうかを、いつもいつも問いただしつづけているから、審問所っていう名前がついてる。ある日、私の両親が台所でおしゃべりをしているとき、天の父の物語がほんとうかどうかよくわからないってお母さんが言い、お父さんもやっぱりよくわからないって言った。両親はふたりだけで、そっと話したつもりだったんだよ」
「それでどうなったの？」ファティマとホランが心配そうにたずねる。
「そのときちょうど近所の人が台所の窓の下を通りかかって、私の両親の話が耳に入ってしまった。それでその人が異端審問所に密告して、異端審問所は私の両親をつかまえて、それで、それで……それで、町の中央広場で生きたまま焼き殺した。私はお兄ちゃんといっしょになんとか逃げだし、キリスト教の聖職者たちからできるかぎり遠く離れるように逃げて、旅をつづける商人の集団にまじって、ここカラコルムまで連れてきてもらったんだ」
　コンスタンティヌスは、この話を聞いてとっても居心地が悪くなった。そしてエレアノールにむかって、こう言った。「きみに起きたことは、ほんとうに気の毒だと思う。一部のキリスト教徒がローマやフランスなどの遠い場所で、おそろしいことをしているって聞いたけれど、それは天の父が人々にほんとうにしてほしいと思っていることじゃないと思うんだ。天の父を信じないのは悪いことだよ。でも信じないからといって人

第4章　生きることの意味

の命を奪うのは、もっと悪い。キリスト教徒はぜんぶ同じわけじゃないよ。きみの家族にそんなことをしたキリスト教徒はカトリック教徒と呼ばれている。ぼくはカトリック教徒じゃなくて、正教徒なんだ」

　カトリック教徒のパウロは、コンスタンティヌスの言葉に怒った様子を見せながら言った。「アルテミス神殿を破壊したのは、きみたち正教徒じゃなかった？　ぼくが聞いた話では、正教徒はほかにもたくさんの神殿を破壊したうえに、昔からの神々を信じていた人たちと戦争をはじめたんだ。そういうことをしたのがカトリック教徒だけみたいなふりをするなよ」

　「ほんとうにわからない」。そう言ったホランは、とても悲しそうに見えた。「なんでみんな、神さまだけを理由にして戦ったり殺し合ったりするの？」

　キリスト教徒が天の父にまつわる物語を考えだす前にも、**戦争はたくさんあったけれど、神をめぐる戦争はほとんどなかった**。みんながそれぞれ自分の神々を信じ――たとえば、99 のテングリの神、バアルとタニト、ユピテルとマルス、ゼウスとアルテミスといったぐあいに――たくさんのちがう神々がいることをだれもが受け入れていた。もしだれかが自分とはちがう神に祈ることを選んだとしても、べつにかまわなかった。ローマ人がギリシャ人とカルタゴ人を征服したときでさえ、全員が自分たちの神々を捨ててローマの神々だけを受け入れるよう、強いることはなかったんだよ。ところが、全世界に神はひとりだけだとキリスト教徒が言いはじめたとたん、その唯一の神を信じない人々との戦いがはじまった。

人類の物語　Unstoppable Us

天の父が子どもについて語ったこと

　キリスト教徒は天の父を信じないたくさんの人たちと戦っただけでなく、仲間どうしでも争いを起こした。たしかに、キリスト教徒はだれもが天の父を信じていたのだけれど、天の父が人々に何をするよう言ったかについて、こまかい点で言い争いが起きたんだ。パウロとコンスタンティヌスがいっしょに話をすればするほど、意見のちがいはどんどん大きくなっていった。
　「今夜、ぼくのお父さんがモンケ・ハーンの会議から戻ってきたら、エレアノールが話したことについて聞いてみるよ」と、コンスタンティヌスは言った。
　「きみのお父さんだって？　きみのお父さんはいったいここで何をしているのかな？」ちょっとばかにしたような笑顔を浮かべながら、パウロがそう言った。

第4章　生きることの意味

「そんなこと、わかりきっているよ。お父さんは皇帝が招いた聖職者のひとりなんだ。エフェソスとそのまわりに住んでいる人たちはみんな、ぼくのお父さんが世界でいちばん賢い聖職者だって言っているんだから」

「でも、きみのお父さんが聖職者になれるはずがないよ。天の父は、聖職者は結婚してはいけない、子どもをもうけてはいけないって言ったんだ！　きみのお父さんはこのルールを破ったじゃないか！」

「嘘つき！　天の父は、聖職者が子どもをぜったいにもってはいけないなんてルール、決めてないよ！」

「きみはばかだ！　きみのお父さんは天の父のことをモンゴル人に教えるために、ここにやってきたっていうのに、自分で天の父の教えにそむいているじゃないか！」

「ぼくのお父さんは世界一の聖職者だ！　今の言葉を取り消せ、さもなければ殴ってやる！」

　カトリック教徒と正教徒で最も大きく意見がちがった点のひとつは、聖職者が結婚をして子どもをもつことができるかどうかだった。正教徒は場合によっては許されると考えたのに対し、カトリック教徒は天の父がそれを厳しく禁じたと考えていたからだ。パウロとコンスタンティヌスのどなり声はますます大きくなり、殴り合いまではじめたので、ファティマとホランが止めに入って、ようやくけんかをやめさせた。

　キリスト教徒のあいだでは、これよりずっとひどい争いがあちこちで起きていた。そしてそのような戦争のすべてが、こうした議論をめぐるものだったんだ。神が明確に定めたといわれたきまりのいくつか、たとえば殺してはならないという点については、すべてのキリスト教徒の意見が一致していたのに、そのほかのルールについて議論をすると……最後には、相手の命を奪う結果に行きついてしまうことさえあった。

　たとえばカラコルムの会議の50年前には、コンスタンティノープルという大都市で激しい戦いが起きている。天の父は聖職者が子どもをもつことを禁じたと信じるカトリック教徒の軍隊が、天の父は聖職者が子どもをもつことを許したと信じる正教徒の統治する、この都市を攻撃した。でももちろん戦いの理由は、聖職者が子どもをもてるかどうかだけではなかった。コンスタンティノープルはとりわけ豊かな都市だったから、ここに攻撃を加えた者の多くは、ただその富を横取りしたいだけだった。天の父は盗んではいけないと言ったことについてはみんなの意見が一致していたというのに、盗んだわけだ。キリスト教のカトリック教徒はこの都市を占領し、あたり一帯

119

人類の物語　Unstoppable Us

を焼きつくすと、同じキリスト教の正教徒の教会から金や銀を略奪し、何千人もの正教徒を殺してしまった。

天の父がワインについて語ったこと

　同じように天の父を信じながら、キリスト教徒ではない人たちもいた。そうした人たちはいつも天の父をアッラーという名で呼び、天の父が世界のすべてを創ったという点には同意していたものの、キリスト教のカトリック教徒と正教徒が天の父について言ったほかのことは、ほとんどぜんぶまちがいだと主張したんだ。その人たちはファティマとその父親のアブドゥッラーと同じ、イスラム教徒だった。

　「ふたりがようやくけんかをやめてくれて、ほんとうによかった」と、ファティマが言った。「私はふたりの言うことをよく聞いていたよ。それで、ふたりが言ったことのいくつかには賛成できる。私も天の父を信じているから。でも私のお父さんは、キリスト教徒の聖職者たちは天の父について、たくさん嘘をついているって言ってる」

　パウロとコンスタンティヌスはお互いをにらみつけるのをやめ、ファティマのほうを見た。そして「どんな嘘？」とたずねた。

　「たとえば」と、ファティマが説明をはじめる。「キリスト教の聖職者は、天の父がワインを好きだって言ってるよね。だからワインを飲むときには天の父に敬意をはらい、特別な儀式をする必要があるって」

　「そのとおりさ」。声をそろえてそう言ったパウロとコンスタンティヌスは、ちょっとだけでも意見が合ってうれしそうに見えた。そしてコンスタンティヌスが説明をはじめた。「ワインは、天の父の子であるイエス・キリストの血のようなものなんだよ。キリストの血を飲めば、天の父とつながることができる」

　「でも、ほんとうはね」と、ファティマが話をつづける。「天の父は、だれもけっしてお酒を飲んではいけないっていう、とっても大事なルールを決めたんだよ。もしだれかがお酒を飲んだりすれば、天の父がものすごく怒って、その人を地獄に送っちゃうんだから」

　パウロとコンスタンティヌスはファティマを見ながら、首を横に振った。

　「それからキリスト教の聖職者は、天の父が豚肉を食べるのを許したとも言ってる」

第4章　生きることの意味

「そのとおりさ。ぼくたちも豚肉は大好きだ」。パウロとコンスタンティヌスはまた声をそろえる。

「でもほんとうは天の父が、だれもけっして豚肉を食べてはいけないっていうルールを作ったんだよ。もし食べたりすれば、天の父をものすごく怒らせちゃうんだから」

「ぼくたちはそうは思わない」。パウロとコンスタンティヌスはファティマの意見に反対した。

「天の父は、もうひとつ、大切なルールを決めた」と、ファティマはなおもつづける。「1年のうちの1か月は──それはラマダンと呼ばれる月になるけど──昼間に何かを食べたり飲んだりしてはいけない。食べたり飲んだりしていいのは、夜のあいだだけ。でもキリスト教の聖職者はこのルールについてなんにも言わないから、天の父をすごく怒らせているんだよ」

「そんなの作り話にきまってるよ」と、パウロが言った。

「そうだ。ぼくはそんなルールなんか、一度も聞いたことがない」と、コンスタンティヌスも大声で叫んだ。

「それは、あなたたちがキリスト教の聖職者の話ばっかり聞いているからね」と、ファティマが言う。「そうじゃなくて、イスラム教のウラマーの話だけを聞くようにしなくちゃだめ。ウラマーたちは、天の父がほんとうに望んでいることを知っているから」

想像してみるとわかるとおり、キリスト教徒はそんなことを言われるのが好きではなかった。==キリスト教徒とイスラム教徒はどちらも、天の父が世界のすべてを創ったと信じていたにもかかわらず、ほかのたくさんのことでは意見をまとめることができなかった。==

最初にイスラム教を信じた人たちのほとんどは、フェニキアに近いアラビアの砂漠で暮らすアラブ人だった。そしてキリスト教徒と同じように、イスラム教徒もほかのたくさんの国に行って、天の父にまつわる自分たちの物語を広めていったから、今では国民のほとんどがイスラム教徒になっている国も多い。たとえば、西アフリカのセネガルやマリ、中東のエジプトやイラン、南アジアのバングラデシュやインドネシアなどだ。こうした国には、イスラム教の物語がほんとうだと信じたからイスラム教徒にな

った人たちもいる。でもキリスト教徒と同じく、イスラム教徒も自分たちの物語を信じない人たちがいるのをきらって、ときには話し合いを戦いに切り替えていった。

「ねえ、ファティマ」と、エレアノールが静かな声で問いかけた。「イスラム教徒の国のだれかが天の父をまったく信じないときには、どうなるの？」

ファティマは少しためらいながらも、そういう人たちは迫害されて、なかには天の父を信じなかったという理由だけで殺された人もいると聞いたことがあるのを認めた。「そうなんだね」と言ったエレアノールは、とても悲しそうに見えた。

天の父をめぐるキリスト教徒とイスラム教徒の物語は、どちらも世界じゅうに広まっている。そしてそこには、国民がみんなで祝う新しい祝日を取り入れるなど、さまざまな変化が加えられてきた。たとえば世界じゅうのキリスト教徒は、イエス・キリストの生誕を祝うために、クリスマスを祝日と決めた。また、人々は新しい言語も話しはじめ、たとえばエジプトやチュニジアのような場所のイスラム教徒たちはアラビア語を話すようになった。それは、最初のイスラム教徒の言語であり、預言者ムハンマドの言語だった。

さらに人々は、着るものや食べたり飲んだりするものも変えた。たとえば、イスラム教徒は豚肉を食べるのもワインを飲むのもやめている。それでも、天の父の物語は世界に平和をもたらすにちがいないとみんなが期待していたとすれば、とてもがっかりしたことだろう。物語は、ほんとうのところ、前よりもっと多くの戦争を引き起こしたように見えたからだ。

天の父にまつわる大きな問題

「あのね」と、ホランがファティマ、パウロ、コンスタンティヌスに話しかけた。「あなたたち3人は、少なくともひとつのことでは意見が一致しているよね。天の父は、世界とそこにあるすべてのものを創った。天の父は何もかも知っていて、自分が望む

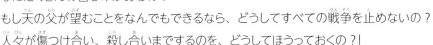

ことはなんでもできるって」
「そのとおり」と、ファティマ、パウロ、コンスタンティヌスは返事をした。
「でも、もしそれがほんとうなら、どうして世界にはこんなにたくさんの苦しみがあるの？ もし天の父が望むことをなんでもできるなら、どうしてすべての戦争を止めないの？ 人々が傷つけ合い、殺し合いまでするのを、どうしてほうっておくの？」

「戦争があるのは、天の父のせいじゃないと思うよ」と、パウロが言った。「戦争をはじめるのは悪い人たちだ。その人たちのせいなんだ」

「でも、もし一部の悪い人たちが戦争をはじめるって決めたとしても、天の父ならきっとその戦争を止めて、よい人たちを悪い人たちから守ることができるはずだよね、そうでしょう？」ホランはそう言った。

「これはすべて、試練なんだって聞いたよ」と、コンスタンティヌスが言った。「天の父は天国っていうすばらしい場所をお創りになって、そこでは悪いことはぜったいに起きないし、戦争もない、痛いこともない、死ぬこともない。人は天国で楽しく幸せに、永遠に生きるんだよ。でも、だれが天国に行くかを決めるために、天の父は地上もお創りになったんだ。ここ地上で、ぼくたちはとても短いあいだだけ生きて、そのあいだに天の父がぼくたちをじっと見つめている。ぼくたちがすることをすべて見ている。もしもよいことをすれば、死んだときに天の父が天国に連れていってくれるし、もしも悪いことをすれば、天の父は天国に入れてくれない。だからもし、善良な人が地上でときどき苦しむことがあっても、ほんの数年のことだからどうでもいいんだ。そのあとには天国で永遠に生きられるようになるわけだからね！」

「そんなのは信じられないな」と、ホランは答えた。「それがほんとうの話だって、いったいどうすればわかるの？ 天国から帰ってきて、天国がほんとうにあるって証明してくれる人を知ってるの？」

「ええーっと……知ってるわけじゃない」と、コンスタンティヌスが言った。
「それに」と、ホランはまだ話をつづける。「もしも天の父がすべてのものを創りだして、なんでもできるのなら、どうしてわざわざそんな入り組んだ試練を与えるのかな。

人類の物語　Unstoppable Us

ただ、よい人だけを創って、みんなをすぐ天国に連れていけば、そんな悪い人を創る必要なんてはじめからないのに」

「うーん、それはよい質問ね、ホラン」と、ファティマがためらいがちに言った。「私のお母さんが去年、とつぜんの病気で死んでしまったとき、私も同じように考えたんだ。戦争は天の父ではなくて悪者たちが起こすとしても、病気や地震のようなものはどうなのかな？　それは悪者たちが起こしているわけじゃないよね？　もしも天の父がすべてのものを創り、なんでもできるのなら、なぜ私のお母さんを死なせた病気なんか創ったんだろう？」

「お母さんのことはほんとうにお気の毒に思う」とホランは言って、ファティマの肩に手をあてた。「それにもちろん、病気や地震や暴力で苦しんでいるのは人間だけじゃない。何百万という動物たちだって苦しんでるよ。ガゼルはトラに食べられる。ヒヨコはワシにつつかれる。赤ちゃんゾウは砂漠で迷子になり、水を飲めずに死ぬ。子イヌは町の路地で迷い、おなかをすかせて死ぬ。もしも天の父が完全によい行いをするのなら、そして望むことをなんでもできるのなら、==なぜこれほど苦しみの多い世界を創ったのかな？==　かわいそうなガゼルも迷った子イヌも、あとで天国に行けると思う？」

ふたつの神

　天の父を信じる人たちが出会うと、どこでもよくこうした難しい疑問が話題になった。そしてみんなでいっしょうけんめいに考えても、あまり納得のいく答えは見つからなかった。ところが、==これらの疑問すべてに対する単純な答え==がわかっていた人たちもいたんだ。それは、天の父を信じていない人たちだった。「どうして世界に苦しみがたくさんあるのか、知ってるよ」と、エレアノールが言った。

「どうして？」ほかのみんなが声を上げた。

「世界ぜんぶを創り上げたひとつだけの偉大な神がいるという

のは、キリスト教徒とイスラム教徒のまちがいだと思う。ほんとうは、ふたつの偉大な神がいるんだ！　善良な光の王子と、邪悪な闇の王子——それは悪魔のことね。光の王子は、すべてのよいものを創ったんだ——喜びや愛、それにヒツジやチョウのようなよい動物たちを。そして悪魔は、すべての悪いものを創った——痛みや憎しみ、それにトラやワシのような危険な動物たちを。だから、戦争と病気を引き起こしているのは悪魔だよ」

　ほかの4人は、その話にじっと耳を傾けていた。「とってもおもしろいね」と、パウロが言い、「ほんと、もっとつづけてよ」と、ファティマも言う。

　「光の王子はいつもいつも悪魔と戦って、悪いことをやめさせようとしている。光が勝てばよいことが起きる。でも悪魔が勝てば悪いことが起きる……わたしの家族に起きたようなことや、ファティマのお母さんに起きたようなことがね。光の王子はとっても強いけど、悪魔もやっぱりとっても強いから、すべてが光の王子の思いどおりにはならないんだ。私たち人間は、悪魔をやっつけるように光の王子の手助けをしなくちゃいけない。そうすればもう痛みも戦争も病気もなくなるから」

　「でも私たちは、どうすれば光の王子を助けられるの？」

　「よいことをすればいいんだよ」と、エレアノールは答えた。「人を苦しめるんじゃなくて、人にやさしくするとか」

　光の王子と悪魔の物語はとても古くからあり、カラコルムで会議が開かれる1000年以上も前に、ペルシャの地に登場したのが最初だった。そのころの人々は、善良な神をアフラ・マズダーと呼び、邪悪な神をアンラ・マンユと呼んだ。時がすぎるにつれてふたりの神の名前は変化していき、邪悪な神にはアフリマン、リタン、ルンファ、イブリス、デビルなどの呼び名もある。それでも物語はだいたい同じまま語りつがれた。内容に大きな説得力があったうえ、天の父の物語にくらべて大きな強みをひとつもっていたからだ。ふたつの神にまつわるこの物語は、世界にたくさんの悪いことが起きてきた理由、そしてよい人たちもそれを避けられない理由を、かんたんに説明してくれたんだ。

　その物語は、聞く人になるほどと思わせる力をもっていたので、キ

125

リスト教徒とイスラム教徒までも同じように語りはじめた。偉大なる神は天の父だけで、あらゆるものを創り、なんでも思いどおりにできると言いながら、「それならなぜ戦争や病気があるのか」と人々に問われると、「ああ、それは悪魔のせいだ」と言うようになったんだ。

じっさいのところ、天の父を信じるキリスト教徒とイスラム教徒が悪魔も信じるというのは、筋が通らなかった。もしキリスト教徒とイスラム教徒が主張するとおり、天の父があらゆるものを創造してなんでも望みどおりにできたのなら、なぜ悪魔を生みだしたのだろうか、そして**なぜ悪魔を追放してしまわなかったのだろうか？** キリスト教徒もイスラム教徒も、その疑問に対してだれもが納得する答えを見つけることはできなかった。それでも人間は、筋の通らないことをいつのまにか信じてしまうのがふつうなんだよ……だからたくさんのキリスト教徒とイスラム教徒は、望むことをなんでもできる天の父と世界にあらゆる問題を引き起こす悪魔の両方を、なんとか信じることができたんだね。

３番目の神？

「じゃあ、これまでの話を整理してみよう」と、パウロはエレアノールに言った。「きみは、世界のすべてを思いどおりにできる唯一の偉大な神がいるとは、信じてないんだね？」

「ええ、信じてない」と、エレアノールはそれに同意した。

「そのかわりに、よい神と悪い神のふたつの神がいるって信じてるんだね。そしてそのふたつの神は、世界を思いどおりにしようとして戦ってるって」

「そうね」と、エレアノールはまた同意した。

「でも、そんなのはおかしいよ！」

「どうして？」

「だって、もしも世界が、お互いに反対のことをしようとして戦うふたつの神の戦場だとしたら、その戦いのルールを決めるのはだれ？ よい神か悪い神が勝つためには何をしなければならないか、だれが決めるの？」

「えっ？ どういう意味？」

「ふたつの軍隊が戦争にむかうとしよう。両方の軍隊は、どちらも同じ法則に従っているから戦うことができるんだよ。そしてその法則を自分たちで変えることはできない」

「いったい何の法則？」

「自然の法則さ。たとえば、投石機で空にむかって石を飛ばすと、その石はやがて落ちていき、だれかの頭にあたってその人を死なせるかもしれない。それが自然の法則だよ。石はやがて空から落ちてくる、そうだろう？ また別の法則では、人間の頭が割れて血がぜんぶ流れでてしまうと、その人は死ぬことになる。ふたつの軍隊の意見がまったく食いちがっていたとしても、両方ともこういう自然の法則には従っているんだ。もし、それぞれの軍隊が、それぞれにちがった自然の法則を生みだすことができるなら、戦いにならないよ。それぞれの軍隊はきっと、自分たちの兵士はぜったいに殺されないで、自分たちは敵の兵士を指さすだけで殺せるっていう法則を作るだろうからね」

パウロはさらにつづける。「でもぼくたちの世界には戦争があって、兵士たちが戦い、ときにはお互いに殺し合う。それは自然の法則を変えることができないからだよ。自然の法則はいつもそこにあり、好きでもきらいでも、すべての人がその法則に従わなくちゃならない。でも、もし世界全体がいつも戦ってばかりいるふたりの神によって創られたのなら、どっちの神が自然の法則を生みだして、どっちの神が戦いで従わなければならない法則を決めたのかな？ もし光の王子がその法則を決めたのなら、きっと自分の有利に働く法則にしただろうね。そして、もし悪魔がその法則を決めたのなら、きっといつでも自分が勝てるような邪悪な法則にしたはずだ」

「言いたいことはわかった」と、エレアノールが言った。「それなら、ほかのだれかが法則を決めたみたいね。光の王子より、悪魔より、もっと大きい力をもっていて、その両方を自分のルールに従わせることができるだれかが」

「でも、ちょっと待って」と、ホランが口をはさんだ。「それなら、この世界は光の王子と悪魔によって創られたわけじゃないし、すべてを支配する法則を決めたのはそのどちらでもないっていうことになる。もっと強いだれかがいて、この世界を創り上げ

たっていうわけね」

「でも、光の王子と悪魔のどちらも従う、そのとっても強いだれかって、いったいだれなの?」と、ファティマも不思議そうに声を上げた。「3番目の神がいて、その神が、光の王子と悪魔も創りだしたっていうこと? それに、もしそうだとしたら、この3番目の神はなぜこんなに苦しみが多い世界を創ったのかな?」

「たぶん、世界を創り上げた3番目の神は、私たちのことや私たちの苦しみのことなんか、まったく気にかけていないんだよ」と、エレアノールが言った。「自分が創った人間や動物を苦しめて、楽しんでさえいるのかもしれない。まるで、ハエの羽をぬいて苦しむのを笑っている子どもみたいにね。もしかすると、すべてのものを創った神はひとつだけで、その神が邪悪なんだ」

子どもたちは黙り込んで、どう考えればよいのかわからなくなってしまった。さまざまな神をめぐる、いくつものちがう物語を知り、どれがほんとうなのか判断することができなかった。そして皇帝の宮殿で同じ疑問について議論していたおとなたちのあいだでも、それとまったく同じことが起きていた。賢い人たちが長い長い時間をかけて議論をかさねても、たくさんの神がいるのか、神はふたつなのか、神はひとつだけなのか、みんなの意見をまとめることはできなかった。皇帝が抱いた疑問の答えを手にすることは、ついになかった。

なぜ、私たちは苦しむのか?

神についてみんなが語ったさまざまにちがう物語は、世界を説明することも、世界に平和をもたらすことも、人々を苦しみから守ることもできそうになかった。そこで何人かの賢い人たちは、神について議論をしても意味はないと言った。たくさんの神がいるか、ひとつかふたつの神がいるか、あるいは神などひとつも存在しないかなど、どうでもよいことではないか。人々は神について言い争うのではなく、いったい何が世界にさまざまな苦しみをもたらしているのか、そしてどうすればそんな苦しみをなくすことができるのか、その答えを見つけようとしなければならない。

そんなふうに考えたひとりが、シッダールタという名前の若者だ。モンケ・ハーンがカラコルムで会議を開く1500年以上も前にインドで暮らしていたシッダールタは、

第4章　生きることの意味

　王子として宮殿で育った。そして幼いころから、**なぜ世界にはこれほどたくさんの不幸があるのか、知りたいと思っていた**。そしてモンケ・ハーンに少し似て、さまざまな土地のたくさんの人々と話をした。

　シッダールタはいつも人々に、不幸のいちばんの原因は何かとたずねていた。するとたいていの人は、自分には十分なお金がない、十分な土地がない、または十分な食べものがないから、不幸だと言う。「もし私がお金もちの有名人ならば、きっと幸福にちがいありません。だから毎日毎日、私をお金もちの有名人にしてくださいと、神さまにお祈りしているのです！」みんなが口々にそう言った。

　じつにたくさんの人々から同じ言葉を繰り返し聞いたものの、それで納得できたわけではなかった。シッダールタは宮殿で暮らす王子だったから、そのころのいちばんのお金もちも、いちばんの有名人も、いちばんの権力者も知っていた。裕福な人物、地位の高い聖職者、さらには王さまにも会う機会がよくあったんだ。そして、それらの人々はたくさんのお金と土地と食べものをもっていながら、みんながみんな幸福とはかぎらないことに気づいていた。

　なかには、山ほどの金銀、大邸宅、ありとあらゆるごちそう、命令すればなんでもやってくれる召し使いと奴隷を手にしたお金もちなのに、幸福ではない人もいたんだよ。そんなお金もちでも、自分よりもっと裕福な人たちをうらやましく思った。たくわえた金銀が泥棒に盗まれるのではないか、農地の作物が病気で台無しになるのではないかとおそれた。そして何より、自分の土地とお金を王さまにすっかり取り上げられるのではないかと心配した。

　シッダールタは、王さまも何人か知っていた。ところが、大きな国を支配し、何万人もの兵士を自分の命令で自由に動かせても、まだ幸福ではない王さまがいた。もっと大きい国、もっと多くの兵士をもつ王さまを、うらやましいと思ったからだ。そのうえ、別の王さまが自分の国を奪いにやってくるのではないかとおそれたし、部下である兵士が王の座を奪おうとして自分の命をねらうのを、もっとおそれたんだ。

人類の物語　Unstoppable Us

　それなら、聖職者はどうだろう。シッダールタは、世界のことならなんでも知っているとみんなに話している聖職者たちに会った。そうした聖職者たちは、どの神々が世界を支配しているか、それらの神々は何を求めているか、神々に救ってもらうためにはどんなふうに祈ればよいかを知っていると言った。「正しい神に祈りを捧げ、神が命じるとおりの食べものを口にし、神が命じるとおりの日に断食をすれば、神からの救いを得て、とても幸福な人間になれるだろう」。そんなふうに聖職者たちは言った。

　それなのに、そうした聖職者たちさえ、いつも幸福とはかぎらなかった。別の聖職者から反論されて、別の物語を伝えられると、かんかんになって怒ったんだ。そして、王さまがどこかの別の聖職者の話に耳を傾けるのではないかとおそれ、自分の信じていることがまちがっていたらどうしよう、ほんとうは世界について知らないことがあったらどうしようと、もっと心配した。

　こうしてシッダールタは、**ねたみ、怒り、おそれこそ、お金もちにも王さまにも聖職者にも、なお自分の人生は不幸だと感じさせてしまうものであり、それはどこに行っても同じだ**ということに気づいた。どの国のお金もちもねたんでいた。どの国の王さまもおそれていた。どの国の聖職者も怒っていた。住んでいる場所や話している言語、信じている神は、まったく関係なかった。

　それからシッダールタは、とっても奇妙なことにも気づいた。私たちに何度も悲しい思いをさせるのは、遠くからやってきた外国人ではなく、世界でいちばん大好きな人たちなんだ。お父さんやお母さんは、大声でどなったり、悪いことをしたからといって罰を与えたりして、私たちを傷つける。お兄ちゃんや弟、お姉ちゃんや妹は、からかったりおもちゃを取り上げたりして、私たちを傷つける。友だちは、笑いものにしたり、いっしょに遊ぶのはいやだと言ったりして、私たちを傷つける。そして私たちもやっぱり、そういう大好きな人たちをしょっちゅう傷つけている。「それはとっても奇

第4章 生きることの意味

妙なことだ」と、シッダールタは考えた。「なぜ、大好きな者どうしがお互いを傷つけ合うんだろう？」
　この疑問の答えを知っている人や、この苦しみをすっかり終わらせる方法を知っている人は、いそうもなかった。そこでシッダールタは自分でその答えを探ろうと決心し、**ようやく見つけた答えが世界を変えた**。人々はシッダールタを「ブッダ」と呼びはじめた。ブッダというのは、「苦しみから抜けだす方法を知っている人」という意味で、今でもまだ何百万人もの人々が、ブッダが見つけたことを信じているんだよ。1254年のカラコルムには、ブッダの物語を知っている人たちもいた。

いちばんの敵

　ファティマは宿屋でほかの子どもたちと話し合ったあと、何をどう考えていいのかわからなくなってしまった。そこでひとりで散歩に出かけ、なぜ世界にはこんなにたくさんの苦しみがあるのだろうと、思いをめぐらせていた。そのとき、ファティマはだれかに声をかけられた。
「ちょっと、きみ、止まって！」
　ファティマが立ち止まると、長くてゆったりした黄色い服に身を包んだ男の子が目に入った。
「どうして大声を上げたりしたの？」と、ファティマはたずねた。
「きみはもうちょっとでアリを踏むところだったんだ。でも、おどろかせちゃってごめん。ぼくはアナンドだよ」
「えっ!?」と、ファティマはちょっとあわてた様子で答えた。「考えごとをしていたも

のだから、あなたにもアリにも気づかなかったんだ。私はファティマ。それに、えーと、どうしてそんなにアリのことを気にかけるの？」

「アリだって痛みを感じるよね。ぼくの先生から、そう教わったんだ」

「先生ってだれ？　キリスト教の聖職者か、イスラム教のウラマー？　アリみたいに小さいものの痛みを気にかけているのなら、世界にはどうしてこんなに苦しいことが多いのか、教えてくれるかもしれないな」

「ぼくの先生は、スリランカという島の有名な賢者だよ。先生はみんなに、ブッダが見つけたことを教えている。ぼくたちは皇帝が開いた会議があるから、カラコルムにいるけれど、ぼくは皇帝の宮殿での議論にはあまり興味がない。ぼくはただ、いったい何が世界にこれほどの苦しみを生みだしているのか、知りたいと思っているだけなんだ。でもまだその答えに近づいているとは言えないな。だって、ものすごく複雑なんだもの！　もちろん、苦しみについて、少しはわかったこともあるよ。たとえば、ほかの人から何かをされて苦しくなることがあるのは、みんな知っているね」

「そのとおりね。それはかんたんにわかる。別の国から敵が攻め込んできて、私たちが不幸になることもある。いじめっ子に恥ずかしい思いをさせられて、悲しくなることもある。それに、お父さんが大声で私をどなるときも、ほんとうに悲しくなってしまう！」

「でもね、ファティマ、**ぼくたちはときどき自分が自分にすることで悲しくなることがある**のに気づいてる？　ぼくの先生が言うには、世界じゅうでいちばんぼくを傷つけている人は、外国人でも、近所の人でも、きょうだいや親でもない――ぼく自身なんだ」

「ほんとう？　どうして私が私を傷つけたりするの？」

「そうだなあ、たとえば、きみが友だちと遊びに出かける前に、やらなくちゃいけない宿題があるとしよう。いちばんいいのは、さっさと宿題を終わらせることで、そうすれば遊びに行けるよね？」

「そのとおりよ。お父さんが私に算数の問題を出して、それを解くまでは遊びに行っちゃいけないって言うときのようなものね。お父さんは、私に算数を得意になってほしいって、本気で思っているんだ」

「でも、そういうとき、算数の問題に集中しようと思っていても、自分は算数のせいで家に閉じ込められているのに、友だちはもう外で楽しく遊んでるって考えはじめる

第4章　生きることの意味

ことはない？　そうすると、集中するのがどんどん難しくなって、算数の問題を解くのにかかる時間が長くなる。その分、友だちと遊ぶ時間が減るんだ。そしてたぶん、算数の問題を出したお父さんに腹が立ってくる……」

「ほんと！　それに、自分自身にも腹が立つわけ。どうして算数の問題に集中しないで、外で遊んでいる友だちのことばっかり考えているのか、自分でもわからないってね。もし問題だけに集中できれば、かんたんに終わらせて遊びに行けるのがわかっているのに！　ときには自分の頭のなかの考えを叱りつけて、もうほっといてって言うんだけど、まだ消えないで私をイライラさせるんだ」

「ぼくも同じだよ。どんなにがんばってみても、そのイライラするような考えがどこからかやってくる。だれがそんな考えを生みだしていると思う？」

「そうねえ。私の場合、頭のなかにそのやっかいな考えを生みだしているのは、ぜったいにお父さんじゃない。自分で考えているのかな？　でもその考えが私を悲しくしているんだよね。**なぜ、自分で自分を悲しくする考えなんかを生みだすのかなあ**」

「ぼくの先生は、そのことをずっとぼくに質問しつづけている。でもぼくはまだ答えを見つけられていない。1年くらい前にね、ぼくの親友のタシが、ほかの子たちみんなのいる前でぼくのことをばかにしたんだ。みんなでおかしを食べていたときに、タシがぼくの食べ方はガツガツしてるって言ったから、ほかのみんながぼくのことを笑っ

$$\left\{ \left[(6 \cdot 4) + 7^2 \right] \cdot \sqrt{9} - \left(\frac{1}{3} \cdot 18 \right) - 60 + 40 \ (7 \cdot \pi \cdot \sqrt{a} \cdot 0) + \sqrt{100} - \left(3 \cdot 10 \cdot \frac{2}{3} \right) - 5 + 0 - 32 \right\} \cdot b \cdot c = ?$$

たんだよ。タシがそんなことを言ったのは１年前の１回だけで、むこうはたぶん、もうすっかり忘れてるんだろうな。でもどういうわけか、ぼくのほうは、ずっとおぼえている。そのうえ、ときどき、どこからともなく記憶がよみがえってくる。『ねえ、あいつがぼくの食べ方はガツガツしてるって言ったんだよ！ それでみんながぼくのことを笑ったんだよ！』って。それを思いだすたびに、ぼくはもう一度、ばかにされたような気がしてしまうんだ」

「それで、そのことを考えるのをやめられないわけね」

「やめられない！ ほんとうにへんてこなんだ。敵がぼくたちを傷つけようとするならわかるけど、どうして自分の考えや記憶が、自分自身を傷つけたいと思ったりするのかな？ それに、ぼくたちはどうしてそれを止められないんだろう？ 自分の足や目は思いどおりになる。それなら==どうして、自分の考えと記憶は思いどおりにならないんだろう？== 寝るときには、自分の足に力を抜くよう、自分の目に閉じるよう、命令することができるよね。それならどうして、自分の考えには止まるよう命令できないのかな？ ぼくの先生には、それはぼくの心が弱いからだって言われてる。もっと練習を積まなければいけないって」

「なわとびとか、逆立ちとかを練習するみたいに？」

「そうじゃないよ。ぼくが言っているのは心の練習だ。たとえば先生からは、目を閉じて呼吸に意識を集中するようにって言われてる。息が自分の鼻から入ってくるのを感じ、それからまた息が鼻から出ていくのを感じなくちゃいけない。それを１日に１時間ずつやる必要がある。もし、怒ったときの記憶とか、イライラするような考えが心に浮かんできたら、それを無視して、自分の呼吸に意識を集中しつづけるんだよ」

「それは役に立つの？」

「ほんの少しだけね。たいていは目を閉じてから１分もすると、ときにはほんの数秒で、夕ごはんに何を食べようかと考えたり、タシやほかの子たちがぼくを笑ったときのことを思いだしたりして、自分の呼吸のことなんかすっかり忘れちゃうんだ。でも先生は、練習をつづけなければいけないって言うよ。この練習は、なぜみんなが人生にたくさんの苦しみをかかえているかについて、とっても大切なことを教えてくれるからね」

「その大切なことって、なんなの？」ファティマはその答えをどうしても聞きたいと思った。

「ぼくたちは自分のなかで何が起きているかを、じっさいには理解していないってことを教えてくれるんだよ。ぼくらは、自分の思いつき、記憶、感情がどこから生まれているかを知らなくて、そういうものを自分の思いどおりにはできないから、大好きな人を傷つけたり、ときには自分自身を傷つけちゃったりもする。タシが、ぼくの食べ方はガツガツしてるって言ったとき、べつにぼくを傷つけたいわけじゃなかったんだ。たぶん、自分のほうが欲張っていちばん大きいおかしを取りたかったから、頭に真っ先に浮かんだ言葉が口から出ただけさ。それにぼくはタシが言ったことをおぼえていたいわけじゃないのに、自分の記憶を思いどおりにできなくて、自分で自分を怒らせてる。そうやって怒っていると、ときには沸騰したやかんみたいになって、そこいらじゅうに熱湯をまき散らす——そういう怒りのせいでぼくは友だちにまで意地が悪くなって、最後には友だちを不幸にする。頭で考えていることとおぼえていることが心にまで入り込むせいで、ぼくたちは欲張る気もちと怒りでいっぱいになり、そんなものが心にあふれてくれば、もう幸福でいられるはずがない。世界じゅうで起きている最悪の戦争だって、邪悪な神が引き起こすわけじゃないんだよ。原因は、人々の頭のなかにある怒りの記憶と欲張る気もちなんだ」

　ブッダは何千年も前にこのことに気づき、それは世界じゅうでこれまでに生きてきた人々すべてに、いつでも当てはまってきた。どんな神を信じている人でも、どんな言語を話している人でも、たいていは心のなかに欲張る気もちと怒りをかかえて、それが自分自身を不幸にしている。そのせいで、人々は伝染病や地震のような自然災害を乗り越えるために力をあわせるのではなく、自分のまわりにいる人たちを傷つけてしまう。インド人にも中国人にも、ローマ人にもペルシャ人にも、キリスト教徒にもイスラム教徒にも、このことが当てはまる。だれもが欲張る気もちと怒りをかかえ、それが自分自身を傷つけ、さらにはほかの人も傷つける。トラやワシのような動物にさえ当てはまるかもしれない。

苦しみから抜けだす道

　ブッダはこのようなことが起きている理由を知りたいと思った。どんな考えや記憶が、いつ頭に浮かぶか、いったい何が決めているんだろう？　自分の心のなかで何が起きているのか、欲張る気もちと怒りはどこから生まれているのか、ブッダはじっと見つめつづけたんだ。そして、こうした感情を生みだしている神はいないことに気づいた。すべての人間、すべての動物が、絶え間なく、自分自身の心のなかで欲張る気もちと怒りを生みだしているんだよ。そのために欲張る気もちと怒りが私たちを不幸にし、ほかの人も傷つけて、自分のまわりにまで不幸を広げてしまう。そうやってほかの人が不幸になれば、その人たちもまた私たちを傷つけ、私たちはもっと不幸になる。だから不幸は大きくなり、どんどん膨れ上がっていく。

「じゃあそれが、世界じゅうのすべての苦しみの原因なの？」と、ファティマが言った。「とってもたくさんの戦争が起きて、平和なときにだって人々がまだ不幸なのは、そのせいなの？」

「ぼくの先生はそう言ってる」と、アナンドは答える。「どこかに邪悪な神がいるせいなんかじゃない。みんなが自分でやっていることなんだ。欲張る気もちと怒り、それからあらゆる種類のイライラする考えを、自分が生みだしつづけているかぎり、幸せになんかなれないんだよ——たとえ、何百万枚もの金貨と何万人もの兵士をもったモンケ・ハーンのような偉大な皇帝でも、幸せにはなれない。皇帝の軍隊は、皇帝のどんな敵でもやっつけることができたけれど、どうしてもやっつけられないものがひとつだけあった。それは皇帝自身の頭のなかにある、自分で自分をイライラさせてしまう考えだよ」

「欲張る気もちと怒りを生みだすのを、やめることはできるのかなあ」と言って、ファティマは考え込んだ。「どうにかして、欲張る気もちのかわりに喜びを、怒りのかわりに愛を、生みだすことはできないの？　欲張る気もちと怒りのかわりに、喜びと愛を生みだす方法がわかれば、金貨なんか1枚もなくたって、兵士なんかひとりもいなくたって、幸せになれると思うんだ」

第4章　生きることの意味

「ぼくの先生は、ブッダがそのとおりのことをしたって言ったよ。ブッダは、欲張る気もちと怒りのかわりに喜びと愛を生みだす方法を身につけようと、何年も何年も修行をしたんだ。そしてそれは、泳げるようになるために体の動かし方を練習したり、フルートで美しい音楽を生みだすために口と指の動かし方を練習したりするのと、同じだっていうことに気づいた——きみも心の使い方を練習すれば、憎しみではなく愛を生みだすことができるさ」

　ブッダは、憎しみではなく愛を生みだす方法をたくさんの人に教え、教えを受けた人たちが国から国へと旅をして、世界じゅうのさらに多くの人たちにその方法を教えた。そしてその教えはインドから中国、日本、タイ、ベトナムへと広がり、さらにヨーロッパとアメリカにも伝わった。今ではほとんどすべての国に、ブッダの教えを身につけようと修行している人たちがいて、そのような人たちの大部分は仏教徒と呼ばれている。

　ただし、それはとっても厳しい修行だ。一流の水泳選手やフルート演奏の名手になるためには、毎日毎日、何年も練習を積まなければならないね。それと同じように、**憎しみではなく愛を生みだしたいなら、いっしょうけんめいに練習する必要がある**。ブッダの教えを守るのはとてつもなく難しかったので、大切なことがわかったと思った人たちでさえ、教えられたとおりのことをしなかった。多くの仏教徒は自分の心のなかで欲張る気もちと怒りを山ほど生みだし、ほかの人たちを傷つけたり、戦争をしたり、殺したりしつづけた。なかには、仏教徒は怒りに打ち勝つ方法を見つけてなんかいないと言う人がいると、激怒してその人を殴りつけたり、殺したりしてしまう仏教徒までいた。

人類の物語　Unstoppable Us

自由があるということ

　ブッダは、修行でわかったことを人々に教えたときに、神を信じてはいけないと言わなかった。ただ、神について言い争っても無駄で、苦しみから抜けだす道を見つけるほうがもっと大切だとだけ言った。そういう考えをもった人物は、歴史上でブッダひとりではない。最近では、たくさんの人々が同じように考えるようになった。どの神を信じるか、どんな食べものを食べるか、どんな服を着るかなどについて、世界じゅうのすべての人たちが同じ意見をもつことはできないという考えだ。そこで、そんなことをめぐって議論したり争ったりするのに無駄な時間とエネルギーを使うのをやめ、世界じゅうのみんなが、たったひとつの基本的なルールに従えばいいと主張する。それは、ほかの人を傷つけるのではなく、助けることに全力を尽くしなさい、というルールだ。たったひとつのこのルールに従っていれば、人々は自分の好きなことをして、食べたいものを食べて、着たいものを着て、好きなだけの数の神を信じる自由をもっている。

　このように、ルールがたったひとつなら、人々はとても大きな自由を手にするので、この考えを支持する人々は「自由主義者」（リベラル）と呼ばれることが多い。「リベラル」という語はラテン語の「リベルタス」に由来し、このラテン語は自由や独立という意味をもっている。自由主義者によれば、よい人間かどうかは神に従うかどうかとは関係がない。よい人間とは、だれも傷つけない人のことだ。もちろん、神を信じたままでかまわない。キリスト教徒やイスラム教徒の自由主義者もたくさんいるからね。でも、信じる神がいなくたって、よい人になれる。私たちが何かをするのがよいことかどうかを判断しようとするとき、神について議論しても無意味だと、自由主義者は主張しているんだね。それよりも、自分のしたいことがだれかを傷つけるかどうかを考えなくてはいけない。だれも傷つけないかぎり、私たちには自分のしたいことをする自由があるはずだ。

　たとえば、自由主義者はキリスト教徒やイスラム教徒と同じく、人を殺してはいけないと考えている。ただしそれは、神に禁じられているからでも、地獄に行くのがこわいからでもない。自由主義者はその理由を、つぎのように説明する。「人を殺せば、殺した相手とその家族や友人たちがおそろしい苦しみを味わうことになるから、そん

138

第4章　生きることの意味

なことをしてはいけない。それどころか、自分もひどく苦しむことになるだろう。だから世界には神がいなくても、人を殺してはいけない」

　服装についてはどうだろう。一部の人たちは、偉大な神の言葉に従って、みんなが同じ種類の帽子を頭にのせていなくてはいけないと言う。でも、自分ではちがう種類の帽子をかぶりたいときや、帽子をかぶりたくないときは、どうすればいいかな？　もしきみがちがう帽子をかぶっても、たとえ帽子をかぶらなくても、だれも傷つくことはないね？　だから自由主義者は、「だれでも自分の好きな帽子をかぶる自由がある」と言う。

　また一部の人たちは、1年のうちの特別な日にはだれも何も食べてはいけない、神がその日には断食を求めているからだ、と言う。でも、その日にとてもおなかがすいて、何かを食べたくなったら、どうすればいいかな？　きみがその日に何を食べても、だれも傷つくことはないね？　だから自由主義者は、「もし断食をしたいなら、断食をする自由があるけれど、もし何かを食べたいなら、好きなものを食べる自由がある。だれも傷つけないかぎり、自分のしたいことをしてもよい」と言う。

　==自由主義者のルールは、すばらしいルールのように聞こえるものの、ざんねんながら自由主義者自身もそれを必ず守ったわけではなかった。==ときには自由主義者も、ほかの人たちに自由主義のルールを守らせ、人を傷つけないようにさせるために、自分たちが戦争をはじめることさえあったからね。「言うは易く、行うは難し」ということわざのとおりだ。自分はルールを信じていると——キリスト教のルールでも、イスラム教のルールでも、自由主義のルールでも——口ではかんたんに言えるけれど、じっさいにそれに従うのはずっと難しい。そしてほんとうに大切なのは、何を言うかではなく、じっさいに何をするかなんだよ。

言うは易く、行うは難し

　近くで暮らしているババとググが、ふたりとも同じ病気になって別々の医者に行っ

人類の物語　Unstoppable Us

た物語を、ちょっとのぞいてみよう。ババの医者は、「朝にオレンジをひとつ、昼にオレンジをもうひとつ、夜には3つ目のオレンジを食べなさい——そうすれば1か月もしないうちに治るだろう」と言った。そしてババが教えられたことを忘れないようにと、医者はそのことを紙に書いてババに手わたした。

　もう一方のググの医者は、薬の錠剤がいっぱい入った瓶をググにくれて、「この薬を朝に1錠、昼に1錠、そして夜に1錠、飲みなさい——そうすれば1か月もしないうちに治るだろう」と言った。そしてググが教えられたことを忘れないようにと、医者はそのことを紙に書いてググに手わたした。

　ババとググは家に帰るとちゅうでバッタリ出会い、それぞれが医者に言われたことを話した。すると言い争いがはじまった。

　「オレンジだって?!」と、ググは叫んだ。「なんてばかげたことを言うんだ。この病気はオレンジなんかじゃ治らないよ。ほら、ぼくの医者が書いてくれた紙を読むといい——薬を飲まなきゃ!」

　「でも、ぼくの医者が書いてくれた紙には、はっきりオレンジと書いてある!」と、ババは言い張った。

　「きみの医者はばかだな!」

　「よくもぼくの医者をばかにしたな!　ぼくがかかっているのは世界一の名医なんだ!

第4章　生きることの意味

きみの医者こそばかだよ。そんな薬を飲めば、きみはもっとぐあいが悪くなるにきまってる！」
「ぼくの薬はすごいんだぞ！」
「ぼくのオレンジのほうが、きみの薬の100万倍もすごいんだ！　きみの医者はほんとに大ばか者で、それを信じてるきみだって大ばか者だ！」
　ググは怒りを爆発させて、ババの顔を思いきりひっぱたいた。するとババもすぐにググの顔をたたき返し、ふたりとも地面に倒れ込んで、殴る、蹴る、髪の毛をひっぱり合うの大乱闘になった。そのけんかはいつまでもつづき、とうとうググは薬を1錠も飲まず、ババはオレンジを1個も食べなかった。
　これは世界じゅうで、よく見られる光景だ。人々は「みんながこう行動すべきだ」という、とても強い意見をもっていて、それをめぐる言い争いとけんかが絶えない──けんかになると、自分自身のルールに従うことなんかすっかり忘れてしまう。
いつも愛について語りながら……心は憎しみでいっぱいの人がいる。平和を信じると言いながら……戦争をはじめる人がいる。最も大切なルールはだれも傷つけないことだと主張しながら……まわりじゅうの人々を不幸にしている人がいる。きみのまわりにも、何かのルールを守るようにと言いながら、自分ではそのルールを破っている人がいるかもしれないね。

「彼ら」がやがて「私たち」に

　何千年ものあいだに、さまざまに異なる人たちがたくさんの異なるルールを思いつき、そのルールが正しいと説明するために、たくさんの異なる物語を思いついてきた。どれが最高のルールで、どれが最も真実を伝えている物語なのか、判断するのは難しい。人々はカラコルムのモンケ・ハーンの宮殿で話し合ったのと同じことを、今もまだ話し合っているんだ。そしてカラコルムの宿屋にいたコンスタンティヌスとパウロと同じように、ときにはまだそれについて言い争いをしているんだよ。そしてもっと悪いことに、自分たちの物語を信じない人々を傷つけたり、ときには殺してしまったりする者までいる。

　人々はまた、こうしたあらゆることについての考え方を変えつづけてもいる。信仰も、言語も、着るものも、食べるものも、変えつづけているんだ。世界は、ずっと同じままのきちんとした箱なんかにわかれてはいない。すべての人をずっと同じ箱に入れておきたい人が主張するとおりになってなどいない。いくつもの箱がいつも混ざり合い、変化している。それはときに多くの暴力をともなう。たとえば、ひとつの国が別の国を征服して、街を燃やしたり、人々を奴隷にしたりすることもある。またときには平和なまま変化が進む。たとえば、何かを売ったり買ったりしようと市場にやってきたり、外国の人と恋に落ちたりすることもある。ただし、どんな方法で変化が起きようと、どこに住んでいようと、**さまざまな外国で暮らしていた多くのちがう人たちから、だれもがたくさんの恩恵を受けているんだよ。**

　もしきみの家族が何かの神を信じているのなら、ちがう国からやってきた外国人が、その昔にきみの祖先をその神に引き合わせたからだろう。きみが話している言語についても同じことが言える。現在の人々が話しているほとんどすべての言語は、ちがう国から私たちの祖先に伝えられたものだ。私たちが使っている単語の多くも、はじめは外国人によってもたらされた。

　たとえば、英語の単語の半分以上は、フランス語、ラテン語、ギリシャ語のような

第4章　生きることの意味

別の言語から取り入れられている。英語で音楽を意味する「ミュージック」(music)はフランス語の「ミュジーク」(musique) が変化したもの、それはラテン語の「ムジカ」(musica) が変化したもの、さらにそれはギリシャ語の「ムーシケー」(μουσική) が変化したものだった。日本語のパンは、ポルトガル語の「パオン」(pāo) が変化したもの、それはラテン語の「パニス」(panis) が変化したものだ。数えきれないほどたくさんの人たちが1列に並んで、前の人から聞いた単語をつぎの人へと順に伝えていく様子を想像してみよう。その列に加わっているきみの耳にもその単語が届き、きみは自分の口を使ってそれをつぎの人に伝える。

　きみが口に入れる食べものも同じだ。その多くは、地球の裏側に住んでいる外国人によって育てられている。きみの国の人たちが育てて作っている食べものでも、はじめて見つけたのは遠い場所の外国人だったかもしれない。たとえば、きみはチョコレートが好きかな？　カカオ豆をおいしいお菓子に変えるきっかけをつくったのは、5000年以上も前にアマゾン川流域の熱帯雨林で暮らしていた人たちだ。こんどからチョコレートを口に入れるときは、毎回、古代のアマゾン川流域の住民に感謝しよう。

　では紅茶や緑茶はどうだろう。何千年も前に、中国の人たちが茶の木の葉に熱湯をそそいでお茶にする方法を発見した。そしてその飲み物を「テー」または「チャ」と呼んだ。お茶の人気はその後、中国からはるか遠くの広い地域にまで広がっていき、今ではインド、ケニア、アルゼンチン、日本など、多くの国々で茶の木が育てられている。そして紅茶や緑茶は、世界で最も親しまれる飲み物になった——水のつぎに。今の時代に緑茶や紅茶を飲む人はみんな、古代中国の人々に感謝しなくてはいけないね。

　そしてきみは、チョコレートや甘い紅茶が好きだろうか。もし好きなら、こんどはニューギニアの人たちに感謝する番だ。8000年前にニューギニアではじめてサトウキビが育てられ、砂糖が作られたからだよ。

　つぎは、好きなスポーツやゲームについて考えてみよう。サッカーを考えだしたのはイギリス人、テコンドーを考えだしたのは韓国人、チェスを考えだしたのはインド人だ。だから、サッカーボールをゴールに蹴り込むときは少しだけイギリス人になった気分で、テコンドーを練習するときには韓国人に近づき、チェスの駒を動かすときにはインドとつながる。

　音楽を聴くときも、テレビのシリーズ番組を見るときも、本を読むときも同じことだ。

143

どれもみなちがう国からやってくる。たった今、きみが読んでいるこの本も、文を書いたりイラストを描いたりしたのは、イスラエル、ドイツ、スペインの外国人たちだ。

こんなふうに、人とちがうこと、外国人であることは、ちっとも悪いことではない。もしもきみの国にいる人たちがみんなまったく同じだとしたら、もしもきみが自分の国の人によって作られたものだけしか使えないとしたら、きみの暮らしはどんなものになるのかな？　きみときみの家族が集まっても、食事のテーブルにはわずかな食べものしかのっていないし、遊ぶゲームやスポーツも、かわす言葉も、あまりなくなってしまうだろうね。

ついでに言うと、きみの家族にだってちがう国からやってきた人たちがいっぱいいるんだ。時間をさかのぼって、きみのおばあちゃんに会い、そのまたおばあちゃんに会い、さらにそのまたおばあちゃんに会うことができたら、いつかはきっと外国人に出会うことだろう。遠い国に住んでいた人、きみの知らない神を信じていた人、きみにはわからない言語を話していた人だ。きみの国にどこか遠くからやってきたのは、神、食べもの、スポーツ、ゲーム、言葉だけではない。人もまた旅をしてきた。10年前にやってきた人もいれば、100年前にやってきた人も、何千年も前にやってきた人もいる。**土のなかから自然に生まれた人は――もちろん竜の歯から生まれた人も――ひとりもいない。**

みんなの家族は、歴史上のどこかの時代に、どこからかやってきた。私たちの祖先は、ずっと前には今の私たちと大きくちがっていた。時がたつにつれて、そうしたちがう人たちが変化して私たちになった。そして私たちは変化しつづけるから、私たちの子孫もまた私たちとは大きくちがっていくだろう。

みんなを箱に入れておきたい人たちが変化をおそれるのは、ちがう人は仲よくできず、けんかばかりすると思っているからだ。でも、その考えはまちがっている。たしかに人はときどきけんかをする……でもけんかの原因は、自分と相手がちがうからだとはかぎらない。みんな、自分といちばんよく似ている人とけんかをすることも多いんだ……たとえば、家族とはよくけんかをするだろう。その一方で、お互いに大きくちがっている外国人どうしがときにはとっても仲よくなり、恋に落ちて新しい家族になることだってある。敵どうしが友だちになることさえあるんだよ。

第4章 生きることの意味

歴史上でいちばん大きな発見

　さてこれで、人とちがうのはちっとも悪くないことがわかった。お互いにちがっている人たちどうしで仲よくできるし、どっちみち、すべてのもの、すべての人が、時とともに変化していく。外国人どうしが会うと、ときにはものを売り買いし、ときにはけんかをし、ときにはおしゃべりをする——けれども、みんないつも変わりつづけていることもわかった。どんな人でも、かつての祖先は外国人で、少しずつ変化して

今の自分が生まれたんだ。祖先は、何かとっても悪いことをしたかもしれないけれど、私たちはそんな祖先とはちがう行動を選ぶことができる。

それに、腐った魚のソースの作り方も、帝国とは何かも、お金がどんな働きをするかも、自分がさわるとなんでも黄金に変わるのはおそろしいことなのもわかったね。また、ローマ人ははじめにギリシャ人とユダヤ人を征服したけれど、やがてギリシャの劇場とユダヤ人の天の父への信仰を広めるのを手助けしたことも、わかったはずだよ。

神々、竜、アリにまつわるたくさんの物語も読んできた。そして天の父の物語は、よい人たちが苦しむ理由を説明していないことがわかった。光の王子と悪魔の物語は、このふたつの神がどんなふうにしてお互いに戦えるのかを説明していないこともわかった。人々はこれまでにたくさんの物語を語ってきたけれど、それでもまだ、世界で何が起きているかを理解するのはとても難しいこと、そして自分の体と頭のなかで何が起きているかを理解するのはもっと難しいこともわかった。病気はどうやってはじまるのだろうか。私たちの頭のなかでは、どのようにして考えが浮かぶのだろうか。欲張る気もちと怒りはどこから生まれてくるのだろうか。

人間はどこからやってきたのか、世界ははじめどのように創られたのかについて、みんなの意見は一致しなかった。世界にはなぜこんなにたくさんの苦しみがあるのか、それについて何ができるのかについて、みんなの意見は一致しなかった。**ちがう**

第4章　生きることの意味

人々がそれぞれにちがう物語を語り、だれもが自分の物語がほんとうだと考えた。

それでも、あらゆる場所のすべての人々について、ただひとつほんとうだったのは、どんな物語を信じていようとも、人々はまだ飢えや病気や戦争に苦しんでいることだった。あらゆる場所の人々がこれらの問題についてたくさん話し合ったけれど……じっさいに解決できた人はだれもいなかった。

やがて、一部の人々が歴史上で最も大きな発見をし、その発見がほとんどすべてのことを変えた。それによって人々は世界じゅうを探検できるようになり、自分たちの体と頭のなかで何が起きているのかを探ることまでできるようになった。それは、人々がどの物語を信じればよいのかを決めるのにも役立った。

この大きな発見というのは、科学だ。私たちは今では科学を用いて、どの物語を信じればよいかを見きわめ、何が戦争を引き起こしているかを探り、飢えと病気の解決策を見つけようとしている。私たちの思考と感情はどのようにして生まれてくるのか、そもそも人間はどこからやってきたのかを知るための研究を、科学が手助けしてくれる。

この本を書けたのも、また今の私たちが古代カルタゴやローマ帝国の人々について、またイエス、ブッダ、モンケ・ハーンの時代の人々についてくわしく知ることができるのも、すべて科学のおかげだと言える。古代の船を見つけだしてその積み荷を研究している考古学者、ウルク、カルタゴ、エフェソス、カラコルムの失われた都市を発見した考古学者は、みんな科学者だ。あるいは、ラテン語のような古代の言語の研究、イナンナ、バアル、アルテミス、ゼウスのような今では忘れられてしまった神々の古い物語の研究に熱中している科学者もいる。

けれども科学者は、ただ失われた都市を発見したり、長いこと忘れられていた神々について研究したりしているだけではない。**科学者は私たち人間に、古代の神々がもっていたと思われる力を、そしてそれよりもっと大きな力まで、与えるようになった。**たとえば古代の物語では、アルテミスやゼウスなどの神々が世界の裏側で起きたことを見たり聞いたりでき、空を飛ぶこともできた。今では科学の力によって、スマートフォンをもった子どもたちはだれでも世界の裏側で起きていることをかんたんに見たり聞いたりすることができる。そして科学のおかげでヘリコプター、飛行機、宇宙船に乗り、まるでアルテミスやゼウスになったかのように空を飛ぶことができる。

147

また古代の物語では、ゼウスは雷を操って遠くから人々を殺すことができ、アルテミスは魔法の矢で相手をひとりずつねらいうちすることができた。科学は人間の大統領や将軍に、それよりさらに破壊的な力さえ与えている。そうした指導者たちは、どんな矢や雷よりも強力なミサイルと核爆弾を使って、何百万人もの人々を一瞬にして殺すことができる。

　もちろん、科学は破壊だけではなく癒す力も人間に与えた。古代の物語の神々が人間の病気を癒すことができたように、現代の科学はこの力を人間の医者や研究者に与えている。人々は病気になったとき、もうアルテミスやゼウスの神殿に行って治りますようにと神々に祈ったりはしない。神殿ではなく病院に行くと、そこでは人間の科学者が生みだした薬の助けを借りながら、人間の医者が病気を治してくれるだろう。

　また古代の物語では、ゼウスとアルテミスは動物や人間を創ることもできた。今では科学の力を借りた一部の人々が、動物や人間ばかりか、古代の神話では想像もつかなかったまったく新しい存在さえ創りだそうとしている——たとえば、人工知能（AI）のように。

　でも、科学って正確に言うとどんなもので、どこからやってきたのかな？　科学は、人々が神や竜について語ったあらゆる物語とどうちがうのだろう。それに、私たちが飢えや病気や戦争の問題を解決しようとするとき、科学はどんな役に立つのかな？
それはまた、まったく別の物語だ。

感謝のことば

　1個のイチジクを食べるときにも、1個のオレンジを食べるときにも、その実を育てた木全体に感謝しなければならない。たくさんの葉が日光を集め、たくさんの根が水を集め、それらがいっしょになって1個の果実が生まれる。本を読むときにも同じで、その本を生み出したチーム全体への感謝が必要だ。すべての本と同様、『人類の物語　Unstoppable Us』もたくさんの人々が力をあわせて作り上げた。事実の検証から編集、翻訳まで、どの仕事も欠かせないものだ。

　すばらしい絵を描いてくれた才能あふれるリカル・ザプラナ・ルイズ、プロジェクトをまとめてくれたヨナタン・ベック、そしてかけがえのないアドバイスと洞察をもたらしてくれた経験豊かで活気あるスザンヌ・スタークとセバスチャン・ウルリッチに、心からの感謝を捧げる。

　すばらしいナーマ・アヴィタルが率いるサピエンシップ・チームは、この楽しいプロジェクトを立ち上げただけでなく、若き（あらゆる年齢の）読者たちにむけたこの楽しい絵でいっぱいのシリーズの執筆、編集、デザイン、調査、世界にむけたマーケティングで中心的な役割も果たしてくれた。才能と創造性にあふれるサピエンシップ・チームのメンバーは、ナーマ・ヴァルテンブルク、アリエル・レティック、ハンナ・シャピロ、ジェイスン・パリー、シェイ・エイベル、ダニエル・テイラー、マイケル・ズール、ジム・クラーク、ドール・シルトン、レイ・ブランドン、グアンユー・チェン、ナダヴ・ノイマン、ガリエト・カツィール、ディマ・バソフ、ギラド・アトラセヴィッツ、アヤラ・ソロツキ、アナ・ゴンタール、チェン・エイブラハム。また、それぞれに大きく貢献してくれたフリーデリーケ・フレッシェンベルク、エイドリアナ・ハンター、アディ・モレノに、手助けしてくれたカロリナ・ロペス=ルイスとアンソニー・カルデリスにも、深く感謝している。

　この本がたくさんの言語でたくさんの人々に届くようにしてくれた翻訳者のみなさんにも、ありがとうの言葉を贈りたい。

　最後に、母のプニーナ、姉妹のエイナットとリアト、姪と甥のトメル、ノガ、マタン、ロミ、ウリ、夫のイツィクの愛と励ましに感謝する。彼らの揺るぐことのない支えがあったからこそ、この本を最後まで執筆することができた。

──ユヴァル・ノア・ハラリ

色のアドバイスをしてくれたイバン・バスケスとニジオに感謝の意を捧げる。ドミニク・カンペーテ、イレーネ・コルドン、ミレイア・セラ、そして「ナタ・グラティス」の仲間たち、ほんとうにありがとう。

私の仕事仲間であるすべてのホモ・サピエンスのみなさん、知識と友情を共有してくださって、ほんとうにありがとう。

サピエンシップを構成するプロフェッショナルのみなさんには、この本を作るあらゆる段階で手助けと助言とをいただいたことに、感謝している。

そしてもちろんユヴァル・ノア・ハラリには、私の絵を信頼し、彼の文章とともに地球半周の旅に連れだしてくれたことに、心から感謝している。

——リカル・ザプラナ・ルイズ

この本について

この本に描かれているできごとはじっさいに起きたこと、描かれている場所はじっさいの場所、そしてカルタゴの将軍ハンニバルやローマ皇帝ウァリウスなどの歴史上の人物は、じっさいにいた人物だ。一方で、物語を生き生きとしたものにするために、カルタゴ人の女の子サポニバルやローマ人の船乗りガイウスのような架空の人物も登場させている。できごとを描くにあたってはじっさいに起きたとおりに、人物を描くにあたってはじっさいに見えたとおりに近づけるよう、できるかぎりの注意をはらって書いたつもりだ。ただ、何千年も前に起きたことを知るには、大昔の人たちが残したものや物語に頼らなければならない。けれども何千年もの年月がすぎれば、ものはなくなることがあるし、物語は変化することがある。そのために、大昔のできごとについてはわからないことも多い。そうしたすきまを埋めるために、

私はおりにふれて、知識にもとづいた推測を加えた。

神の呼び名 この本では、ユダヤ教、キリスト教、イスラム教の神を、ただ「神」と呼ばずに「天の父」と呼んでいる。なぜ私がそのような言葉を選んだのか、不思議に思う人がいるかもしれない。ただ「神」としなかったのは、古代の人々はゼウスやバアルのようにたくさんの異なる神を信じていたから、また、今もなおシヴァのように別の神を信じている人がいるからだ。そしてだれもが自分の神を「神」と呼んでいる。そこで私は、ユダヤ教、キリスト教、イスラム教の神を、ほかのすべての神と(共通点も多いが)区別できる言葉を見つけたいと考えた。「天の父」という言葉を選んだのは、ユダヤ教徒、キリスト教徒、イスラム教徒が自分たちの神を、天上に住む偉大な父のような存在だと信じているからだ。

著者
ユヴァル・ノア・ハラリ
Yuval Noah Harari

歴史学者、哲学者。1976年生まれ。オックスフォード大学で中世史、軍事史を専攻して2002年に博士号を取得。現在、エルサレムのヘブライ大学で歴史学を教えるかたわら、ケンブリッジ大学生存リスク研究センターの特別研究員もつとめる。2020年のダボス会議での基調講演など、世界中の聴衆に向けて講義や講演も行なう。また、『ニューヨーク・タイムズ』紙、『フィナンシャル・タイムズ』紙、『ガーディアン』紙などの大手メディアに寄稿している。著書『サピエンス全史』『ホモ・デウス』『21 Lessons』、および児童書シリーズ『人類の物語 Unstoppable Us』(以上、河出書房新社)は世界的なベストセラーとなっている。社会的インパクトのある教育・ストーリーテリング分野の企業「サピエンシップ」を、夫のイツィク・ヤハヴと共同設立。

絵
リカル・ザプラナ・ルイズ
Ricard Zaplana Ruiz

1973年、バルセロナ生まれのイラストレーター。映画やテレビの世界で仕事を始め、ディズニーやレゴなどのブランドの、子ども向け書籍や雑誌のイラストを手がける。

訳者
西田美緒子
にしだ・みおこ

翻訳家。津田塾大学英文学科卒業。訳書に、G・E・ハリス編『世界一素朴な質問、宇宙一美しい答え』『世界一シンプルな質問、宇宙一完ぺきな答え』、R・ウォーカー著／K・ブライアン監修『こども大図鑑 動物』(以上、河出書房新社)など多数。

人類の物語 Unstoppable Us
世界はちがう人どうしでできている

2025年2月18日　初版印刷
2025年2月28日　初版発行

著者
ユヴァル・ノア・ハラリ

絵
リカル・ザプラナ・ルイズ

訳者
西田美緒子

発行者
小野寺優

発行所
株式会社河出書房新社
〒162-8544　東京都新宿区東五軒町2-13
電話03-3404-1201[営業]
　　　03-3404-8611[編集]
https://www.kawade.co.jp/

装幀・組版デザイン
角倉織音(オクターヴ)

組版
株式会社キャップス

印刷
大日本印刷株式会社

製本
小泉製本株式会社

Printed in Japan　ISBN978-4-309-62933-9

落丁本・乱丁本はお取り替えいたします。
本書のコピー、スキャン、デジタル化等の無断複製は著作権法上での例外を除き禁じられています。
本書を代行業者等の第三者に依頼してスキャンやデジタル化することは、いかなる場合も著作権法違反となります。

カホキア

テノチティトラン
ティカル

トンブク

クスコ

ラパ・ヌイ(イースター島)

歴史の世界地図

↑↓ 古代の交易路